KB268610

Password Kn541

결국 소비자가 중심이다

Password Kn541
결국 소비자가 중심이다

1판 1쇄 발행 2025년 6월 27일

저자 정차조, 이용근, 조상현, 조희철, 정영준,
  허남식, 조성호, 김진순, 유은희

교정 남상묵   **편집** 문서아   **마케팅·지원** 이창민

펴낸곳 (주)하움출판사   **펴낸이** 문현광

이메일 haum1000@naver.com   **홈페이지** haum.kr
블로그 blog.naver.com/haum1000   **인스타그램** @haum1007

ISBN 979-11-7374-100-5(03320)

좋은 책을 만들겠습니다.
하움출판사는 독자 여러분의 의견에 항상 귀 기울이고 있습니다.
파본은 구입처에서 교환해 드립니다.

이 책은 저작권법에 따라 보호받는 저작물이므로 무단전재와 무단복제를 금지하며,
이 책 내용의 전부 또는 일부를 이용하려면 반드시 저작권자의 서면동의를 받아야 합니다.

Password Kn541

결국 소비자가 중심이다

KN541

2024년 1월 10일, 강남 소비자 저널 발행인 김은정이를 만나 한점을 찍은 'Kn541'이 벌써 해를 넘겨 'Club 2000' 완성을 눈앞에 두고 있다. 생각 배열이 시간 배열 속으로 들어가면서 일으킨 오류를 바꾸고 다듬는 과정은 고통의 연속, 그 자체였다.

목표는 단 하나! '오늘의 빵'이다.

오늘의 빵을 해결하기 위한 간절함이 지금의 현실을 만들어 내고 있다. 오늘의 빵을 해결하기 위한 절박함이 수많은 책을 뒤적이게 하고 또 뒤적이게 했다.

방법은 찾고 찾으면 반드시 찾게 된다며 누가 말했던가.

하나의 방향성이 주어지면 목적을 구체화하고 그 목적을 이루기 위한 목표를 현실적인 방법으로 체계화한다.

준비 계획, 일반 계획, 차기 계획, 예비 계획 등.

그러한 과정에서 이 일을 해야 할 이유를 재정립하고, 시장에 어떤 영향으로 이어갈 것인지? 그로 인한 주변부의 변화는? 안전성과 지속성을 확보하기 위한 책임 있는 방안이 무엇인지를 고민하게 된다.

그렇게 해서

하나의 로드맵이 나왔다.

로드맵의 기본 설정은 당근 오늘의 빵이다.

오늘의 빵을 해결하기 위해 난 '배도'를 생각한다.

중국의 재상이 된 배도 이야기다.

배도가 점을 봤다. '빌어먹을 관상'이란다.

잘 빌어먹기 위해 베풀었다.

그래서 재상이 되었다.

어느 날 조상현이를 만났다.

자기가 "밥 사"라고 한다. / 밥을 사주는 사람.

지금까지 많은 사람에게 밥을 샀단다.

그 사람이 나중에 자기에게 밥을 사줄 거란다.

멋있어 보였다.

그래서 내가 '밥 사'를 하기로 했다.

1년 전에는 차비도 없이 오늘의 빵을 해결하고자 맹목적으로 일을 시작했다. 지금은 상현, 영준, 한섭, 은숙 등 만나면 밥은 내가 산다.

무조건 다 내가 계산한다. 우리 Kn541 김진순 대표만 빼고 – 먼저 계산하는데 우쩔껴!

오늘의 빵은 '내일의 빵'으로 이어간다.

오늘의 빵을 해결하고자 하는 노력은 삶에 희망을 준다.

삶의 질을 향상한다. 삶의 가치도 높인다.

오늘의 빵을 내일의 빵으로 이어가려면,

‘모두의 빵’을 해결해야 한다.

모두의 빵을 해결하는 시스템을 만들어야 한다.

소비로 돌아가는 세상에서 소비자들이 뭉쳐야 한다.

이 답을 얻는 데 17년의 세월이 필요했다.

그것은 곧!

작금의 시장 논리에 왜곡된 문제를 바로잡는 변혁이자,

그것은 곧!

양극화가 심화한 경제 현실을 재조정하는 혁명이 될 것이다.

그것은 곧!

조물주가 우리에게 부여한 은혜이자 은총의 회복이다.

Kn541은 오늘의 빵을 해결하기 위해 모인 소비자가 만들어 가는 새로운 경제질서 체계이다.

Kn541은 오늘의 빵을 해결하기 위해 모인 소비자가 일궈 가는 새로운 시장구조이다.

Kn541은 오늘의 빵을 해결하기 위해 모인 소비자가 열어 가는 새로운 문화이다.

Kn541은 오늘의 빵을 해결하기 위해 모인 소비자가 주도하는 새로운 유통 시스템이다.

그것은 곧!

우리의 살길이며, 문제 해결책의 집합이자, 내일의 빵을 해결할 수 있는 유일한 길이다.

Kn541의 소비자는 질문한다.

매년 늘어나는 생산량은 어디에 있는가?

매년 늘어나는 생산량은 누구의 소유인가?

매년 늘어나는 생산량은 어디에서 온 것인가?

Kn541의 소비자는 다시 질문한다.

삶의 가치 조정은 누가 하는가?

시장 질서 체계를 누가 관리하는가?

부의 이동은 누가 조정하는가?

Kn541에서 소비자는 또다시 질문한다.

나는 가장으로서, 사회인으로서, 부모로서 책임을 다하고 있는지?

나는 하루를 유익하고 즐겁게 살았는지?

나는 희망찬 내일을 꿈꾸며 잠자리에 들고 있는지?

Kn541에서 소비자는 이렇게 선언한다.

Kn541은 소비자를 거대한 네트워크로 묶어 소비자 연합을 구축한다. 그리하여 유통에 낭비한 요소를 제거하고 불필요한 생산을 효율적으로 바꾼다. 결국 경제 양극화를 완화하고 기후 온난화에 따른 지구촌 위기를 극복할 수 있는,

녹색을 촉진하고,

녹색을 생산하며,

녹색을 구매하고,

녹색을 사용하여,

녹색을 주도하겠다고.

이 모음집 《Password Kn541》을 통해 우리의 궁극적인 정체성을 다시 한번 생각해 보자.

Kn541 회원 모두의 목적은 분명 Kn541이 지향하는 시스템을 구축하고 조금 더 안정된 생활을 영위하는 것이다. 그러나 우리의 궁극적인 목표는 Kn541 프로젝트와 시스템 구축 완수에 있지 않다. Kn541이 구상하고 추진하고자 했던 기저에는 발전과 성장, 성과 일변도의 현실 경제 시스템을 수정하고 개선하여 소비자 중심으로 성장과 분배가 공평하게 이루어지는 새로운 경제 패러다임을 세우는 데 있다.

Kn541이 가고자 하는 성공은 애초부터 1위나 최고가 아니다. 왜냐하면 Kn541 프로젝트와 비교할 대상이 존재하지 않기 때문이다. 최근 들어 소비 활동이 사회와 환경에 미칠 영향을 고려하면서 바람직한 방법을 찾는 소비자들의 '착한 소비'와 그 궤를 같이하는 Kn541 프로젝트는 처음부터 환경과 사회경제적 순방향을 목적으로 설계했다.

수백 번 수천 번 정리하고 되뇌었던 프로젝트의 근간을 다시금 곱씹으며 상기해 보는 이유는 너무도 간단하다. 항상 새롭게, 더욱 시대 흐름에 맞게, 혹여 놓치거나 왜곡된 부분은 없게, 그리고 '우리'라는 울타리 짓는 것을 경계하려는 의도 때문이다. 설계자로서 다짐하고 각오한 바는, 오직 해당 그룹만의 전유물로 전락해 발전과 성과에 매몰되어 자본주의의 또 다른 괴물이 되지 않았으면 하는 것이다.

달리는 말을 멈추고 뒤를 돌아보는 것은 결코 여유가 아니라 전략이며, 변화무쌍한 트렌드와 소비자의 니즈를 다시금 반영하는 새로운 기점이라 할 수 있다.

잠시 말을 멈춰서, 걸음이 느린 시스템 개발을 기다리는 동안, 이 모음집 《Password Kn541》을 통해 새로운 각오를 다지고 우리가 하고자 하는 목표를 모두 함께 다시 한번 상기하고자 회원들이 직접 쓰신 주옥 같은 글을 엮었다. 온라인 아지트 커뮤니티를 중심으로 엮었기에 이미 글을 접한 분도 있을 것이다. 각 파트의 글은 회원 각자의 경험을 바탕으로 한 많은 시선이 있고, 분명한 지향점이 있다. 물론 설계자 본인도 여러 집필자의 말과 글의 의미를 되새기고, 한 분 한 분 고귀한 생각과 각오를 음미하면서 여러분과 함께 또다시 새로울 Kn541의 각오를 다지려 한다.

다 아는 사실과 같이 Kn541의 정체성은 소비자에게 있다. 소비자가 아니면 그 설계도 지향점도 의미가 없다. 뜻을 같이하는 소비자 한 명 한 명이 모일 때, 우리가 추구하는 새로운 경제 패러다임을 세우는 위대한 역사에 한 발 더 다가갈 수 있다. 그를 위해 바쁜 시간을 내어 공유하고 공감할 수 있는 좋은 글로 함께 해준 소중한 회원들과 이 글을 읽는 소비자 여러분에게 특별히 감사의 뜻을 표한다.

소비자 중심의 새로운 경제 시스템을 만들고, 소비자의 권리를 기반으로 한 값진 가치에 접속할 수 있는 비밀번호는 오직 Kn541뿐이다. 이 비밀을 여러분과 공유하고 《Password Kn541》이 많은 어려움을 극복하며 사는 모두에게 새로운 희망이자 응원의 메시지가 되길 바란다.

엮은이 정차조

차 례

제1장

불황의 시대, 답을 구하다

제1장

불황의 시대, 답을 구하다

기술혁신과 발명은 한 사회가 아직 충족되지 못한 어떤 필요를 느낄 때, 즉 어떤 기술이 불만스럽거나 부족하다는 인식이 만연되어 있을 때 이뤄지며 발명된 이후 그 용도가 새로 발견된다. 그리고 상당 시간 사용된 후에야 비로소 소비자들은 그 발명품에 대한 '필요'를 느끼게 된다.

· 재레드 다이아몬드 ·

경제 불황,
좌시할 수 없는 현실

트럼프의 관세 위협이 현실로 닥치면서 온 세계가 불황의 늪으로 빠져들고 있다. 관세가 높아지면 제품과 서비스의 가격이 치솟아 소비와 투자가 위축되며, 실업률은 더 치솟을 가능성이 매우 크다. 가장 큰 문제는 불황이 개인의 생활과 직결된다는 데 있다.

소비가 위축되어 매출이 줄어든 공장이 문을 닫고 직원은 해고당하여 실업자가 길거리로 쏟아져 나올 것이다. 부동산이 폭락하여 대출이자를 감당하지 못한 사람은 길거리로 나앉게 될지도 모른다.

실제로 최근 언론 보도에 따르면 소상공인 폐업률이 역대 최고치라 한다. 이런 지경에도 정치권은 권력만을 목표로 귀한 시간을 낭비하고 있으며, 경제 관련 정책에 관해서는 폐업한 소상공인을 비롯해 서민에게도 적절한 해답이나 실마리조차 내놓지 못하고 있다.

가진 자산의 많고 적음의 차이를 떠나서 이 불황의 늪은 예외 없이 우리를 옥죄어 올 것이기에 대비해야만 한다. 어떠한 환경에서도 틈새는 존재하고 기회 또한 없지 않다. '위기를 기회로 삼는' 슬기로운 삶의 기술이 어느 때보다 더 필요한 시점일지 모른다.

몇몇 경제학자는 현재의 불황이 나타내는 시그널을 다섯 가지로 분류한다. '극심한 자영업 위기', '초 저출산으로 인한 산업 붕괴', '자산의 극단적인 양극화', '소비패턴의 변화', '부동산 시장의 불황 신호'가 그것이다. 이와 같은 조짐을 현실에서 목도하고 있으니, 무시무시한 시그널로 보이는 대불황을 부정할 수는 없을 것 같다. 이에 더해 한국경제의 구조적 문제점인 빈부격차의 심화와 저성장 고비용 구조는 서민의 체감경기를 더욱 혹독하게 만들고 있다.

이러한 경제불황 현상은 필시 금융시장의 불안정성과 그에 따른 소비 심리 위축, 그리고 정부의 경기 부양 정책의 실패에서 원인을 찾을 수 있다.

부동산과 물가를 잡겠다는 명목으로 은행권은 대출을 제한하고, 이러한 제한이 소비와 투자를 위축시키고, 위축된 소비는 결국 자영업자나 기업의 매출 감소로 나타난다. 실업률을 높이고 기업의 투자를 위축시키며, 이에 더해 정부의 변변한 경기부양책의 부재가 원인이라는 시각이 지배적이다.

그렇다면, 대불황의 시대를 극복하기 위해 소비자인 우리가 할 수 있는 제일 나은 방법은 무엇일까에 관한 고민을 아니 할 수 없다. 혹자는 불필요한 소비를 줄이고 수익을 다각화해야 하며, 비상 자금을 확보하고 전체 자산을 검토해 보라 권하기도 한다. 너무도 당연하고 직관적인 방법이라는 생각밖에 들지 않는다. 당연히 물가가 오르는 시점에서는 고정 수익 대비 지출을 줄이고, 비상금을 저축하고 변동성이 적은 금 등의 자산에 투자하라고 한다. 이는 '지금 내리는 비는 언젠가는 그칠 것'이기에 처마 밑에서 잠시 숨 고르기를 하며 기다리라는 말인데, 앞으로 나아가지 못하고 제자리 뛰기만 하면서 내리는 비가 그치기를 기다린다면 내일이 해결될까? 우리가 생활하는 목적은 오늘을 살아내고 내일을 준비하는 과정이 필수적인 것이 아닐까?

결론으로 필자가 주장하고자 하는 대안은 '소비'에 있다. 곧 '현명한 소비 방식'으로 전환하는 데서 그 답을 찾고자 한다. 아마도 지금까지 항상 피력한 방법이라고 생각할 수 있다. 맞다. 바로 우리가 늘 주장해온 'Kn541'의 근간인 '현명한 소비'이지만, 경제 불황이라는 냉혹한 현실을 슬기롭게 극복하는, 어느 때보다도 필요한 개인의 경제 전략임을 다시 한번 강조하지 않을 수 없다.

4차 산업혁명 시대, 유통 흐름이 시대에 걸맞게 변화하고 있다. 과거 재래시장→백화점→할인점→TV홈쇼핑→전자상거래→Kn541 프로슈밍(Prosuming) 마케팅으로 소비나 구매 형태가 변하고 있다. 일반 소비자는 가격비교 사이트 등을 통해 저렴하고 좋은 상품을 구매한다고 생각한다. 하지만 소비자가 구매한 상품의 가격은 이미 엄청난 유통 비용과 광고비를 포함한다.

불황의 시대에서 현명한 소비의 개념은 바뀌어야 한다. 구매 금액에 따라 지급하는 포인트, 마일리지 등 소비자를 기만하는 듯한 서비스를 지양하고, 보다 자신에게 많은 혜택이 오는 방법을 찾아야 한다.

Kn541 쇼핑몰 플랫폼은 공동의 소비가 곧 공동의 수익이 되는 시스템을 가지고 있다. 현재 Kn541 Shop은 온라인 결제 후 추가 보상을 적립하는 소비자 중심의 이상적인 쇼핑몰로, 현명한 소비가 무엇인지 보여 주고 있다.

현명한 소비 혁명으로써 생산자와 소비자가 결합하는 프로슈머(Prosumer) 마케팅은 필수 불가결인 전략인데도, 이를 찾아내지 못한 많은 소비자는 내일의 걱정에 짓눌려 살고 있다. 불안한 고용과 노후 걱정 때문에 잠을 못 이루는 수많은 직장인, 소비위축 등으로 문을 닫아야 할 실정까지 내몰린 자영업자, 직장 은퇴 후 마땅한 경제활동을 찾지 못하는 퇴직자, 고용시장 위축으로 창업을 꿈꾸는 젊은이에게 Kn541은 불황의 시기를 극복하기 위한 경제적 기회의 장이라 할 수 있다.

시대의 실상을 정확히 파악하고 행동한다면 다가올 내일은 조금 더 밝을 수 있다. 물론 프로슈머 마케팅이 현실 경제의 많은 구조적 문제까지 일거에 해소하지는 못한다. 그러나 시대의 흐름을 정확히 이해하고 그 변화의 물결에 참여하는 생산 소비자 공동체가 점점 더 확산하는 순간, 새로운 역량을 축적할 것이고 새로운 시스템으로 우리 생산 소비자에게 더 많은 기회와 가능성이 열릴 것이다.

앨빈 토플러(Alvin Toffler)가 《제3의 물결》에서 표현한 변화와 대응에 관한 문장으로 글을 마치고자 한다. "개인이나 조직은 여태까지 다양성이 부족한, 느릿느릿한 변화에만 익숙해져 있기 때문에 갑자기 닥친 고도의 다양성과 빠른 속도의 변화에 대응하려고 노력하게 된다. …… 우리에게는 단 한 가지 방법밖에는 남아있지 않다. 우리는 새로운 현실에 대응하기 위해 스스로가 우리들의 조직을 변화에 맞추어 적극적으로 개조해 나가는 것이다. 왜냐하면 그렇게 하는 것이 실행이 가능하고 인간성이 풍부한 미래에 도달하기 위한 통행료라고도 말할 수 있기 때문이다."

이용근

꿈의 사회가 도래하고 있다

도구의 발달에 따른 인간의 진화

첫째, 맨손이던 원시인

둘째, 돌도끼를 쓰던 구석기인

셋째, 청동기와 철을 사용하던 철기인

넷째, 1차 산업혁명의 블루칼라

다섯째, 2차 산업혁명의 화이트칼라

여섯째, 3차 산업혁명의 골드칼라

일곱째, 4차 산업혁명의 핑크칼라

여덟째, 5차 산업혁명의 꿈꾸는 인간

우리는 여전히 블루칼라와 화이트칼라로 살 것인가?

Kn541 플랫폼은 5차 산업혁명의 꿈꾸는 인간을 위한 혁신 도구이다.

인류는 생존을 위해 계속하여 육체적인 투쟁을 해 왔다.

구석기시대의 수렵으로 시작하여 신석기, 청동기, 철기 시대를 거치면서 수많은 도구를 개발했고 우리의 생존 가능성은 커졌다.

인류의 생존을 위한 도구 개발은 인간이 진화하는 가장 중요한 수단 중의 하나였다.

이제 그 도구가 제4차 산업혁명을 통해 지금까지 겪어왔던 인류사에서 상상할 수 없는 수준으로 발달하고 있다.

인류가 개발한 수많은 도구와 기계는 생존을 위해 소비하는 시간을 큰 폭으로 줄였고, 그만큼 삶의 궁극적인 목적이 무엇인가를 사유할 수 있도록 여가를 늘렸다.

과거에는 여가를 활용한 철학적 사유는 특정 계급만 누렸다.

제1차 산업혁명이 일어나기 전만 하더라도 대부분의 사람은 소작농이나 노예로서 유한계급을 위해 일생을 보냈다.

지금까지 인류는 생존하기 위해 생물학적으로 진화해 왔다.

산업혁명 이후부터 인류는 생물학적 진화보다는 기술적·문화적 진화를 하고 있다.

제4차 산업혁명은 인류의 정신문화 진화에 가장 큰 역할을 할 것이다.

세계적인 석학이자 '이기적 유전자'의 저자인 리처드 도킨스는, 인류가 300만 년간 생물학적으로 가장 큰 진화를 보인 기관은 '뇌'라고 주장한다.

진화의 역사에서 300만 년은 매우 짧은 시간이지만, 인간의 뇌 용량은 놀라울 만큼 커졌다.

기억력, 집중력, 미래 예측 등에 유리한 큰 뇌를 지닌 인간이 생존하는 데 유리했다.

모든 것은 IoT로 초 연결되는 4차 산업혁명은 클라우드 컴퓨팅, 빅데이터, 인공지능, 로봇, 3D 프린터, 블록체인(Blockchain), 비트코인(Bitcoin), 스마트 공장, 무인 자율 자동차, 드론(Drone), 스마트 시티, 가상 증강 현실, CPS(Cyber-Physical System) 등을 통해 인간의 육체노동을 대체시킴으로써 생물학적 진화보다는 정신 문화적 진화로 우리를 이끈다.

정신 문화 진화가 모든 인간이 자신의 꿈을 꾸고 실현하는 스토리텔링 중심의 꿈의 사회, 즉 드림 소사이어티(Dream Society)로 이어진 것이다.

롤프 옌센(Rolf Jensen)의 드림 소사이어티(Dream Society)!
즉 Kn541 플랫폼이 우리에게 꿈의 사회를 선물(PRE-SENT)해 주고 있다.

미리 보내준 'PRE-SENT'가 선물(PRESENT)인 동시에 현재(PRESENT)이다.

Kn541 플랫폼이 여러분에게 드리는 선물 상자에는 무엇이 들어 있을까?

나는 어디에 서 있어야 하는가?

조상현

Kn541의 생소한 이론은 다른 여러 경제학자와는 달리 단 하나의 생명체, 역경 속에서 자신의 경제적 사회적 주체성을 지키려고 애쓰는 하나의 개체, 즉 인간인 소비자에게 초점을 두고 있습니다.

따라서 kn541은 국가·사회·기업 측면의 경제보다 먼저 개인의 경제를 들여다보고, 개인이라는 존재의 가치를 가장 우선시하여, 그 경제적 자립성과 자유를 확보하고자 시작한 것입니다.

현재 기술과 자본에서의 소외로 경제적 빈곤을 겪는 잉여소비자로 전락한 많은 서민이, 그 누구의 동정과 도움을 받을 수 없다는 가혹한 현실에 놓여 있습니다.

그 사람은 빈털터리지만 밖으로 뚜렷하게 나타나지 않고, 당사자는 그것을 감추고자 과장하거나 스스로 모든 사회로부터 격리하기도 합니다.

따라서 사회는 종종 이기주의나 은둔주의에 빗대어 그 사람을 반사회적 인간으로 취급하기도 합니다.

우리 사회에서 밖으로 드러나지 않은 경제적 빈곤을 가진 사람은 누구나 이러한 갈등 상황에 쉽게 놓입니다.

이것을 인간적으로 같이 겪은 설계자는 깊은 고민과 성찰을 통해 더 이상 자본주의적 세계에서 소외되지 않고, 경제적 빈곤으로 괄시받지 않으며, 자연과 더불어 공생적 인간으로 다시 태어날 수 있는 공유 플랫폼을 만든 것입니다.

그러나 이것은 동참하는 모든 소비자의 자발적 참여가 있어야만 성공할 수 있습니다.

외부의 투자로 만들어지는 것이 아닙니다. 소외된 소비자의 십시일반으로 이뤄가는 플랫폼이다 보니까 진행이 더디기도 하고, 또 전문가의 부족으로 어려움을 겪기도 합니다.

그러나 경제적 사회적 위기를 겪어본 소비자의 의지는 그 모든 난관을 극복할 만큼 뜨겁고 끈질깁니다.

그래서 하나씩 어렵게 완성해 나가고 있습니다.

지금 당장은 일자리와 경제력을 갖고 있더라도 미래에는 누구나 경제적 사회적 위기에 직면할 수 있습니다.

여기서 또 다른 경제적 수탈자(경제적 사기꾼)에게 당하게 된다면 정말 구제 불능의 나락으로 빠져버릴 수밖에 없습니다.

이제 플랫폼이 하나씩 모습을 드러내고 전문가도 한 명씩 채워지고 있습니다.

당신이 현존하는 경제적 사회적 문제를 진정으로 같이 아파하며 해결할 방안으로 과연 kn541이 맞다고 받아들이셨다면, 이제 다시는 뒤 돌아보면 안 됩니다.

세계는 개인과 기업이 플랫폼에 의존하지 않고는 경제 게임에서 생존할 수 없는 상태로 변하고 있습니다.

우리는 힌 개체의 소비자이지만 플랫폼에 동참하는 순간 막강한 경제의 주체가 될 수 있고, 그 이익을 나눠 가질 수 있습니다.

접속과 공유의 시대에서 생존하는 유일한 방법은 플랫폼에 접속하고 노동과 수익을 공유하는 것입니다.

인간적인, 너무나 인간적인 고민에서 출발한 Kn541 플랫폼을 바로 보고 꽉 붙잡는 호모 심비우스(Homo Symbious, 공유 인간)가 되시기를 다른 한 명의 호모 심비우스가 간절히 기도합니다.

그래서 사랑할 수밖에 없습니다.

매몰 비용(Sunk Cost)에 관한 단상

조희철

우리 중 대부분은 성공 확률이 낮아졌는데도 지금까지 투입한 비용 때문에 계속 그 사업에 돈을 넣는 오류를 범해왔습니다.

이처럼 '이미 지출되어 회수할 수 없는 비용'을 매몰 비용(sunk cost)이라 하는데, 이는 인간의 합리적인 선택을 방해하는 중요한 요인입니다.

미래의 성공적인 변화를 위해서는 매몰 비용은 제로(0)로 하여 과거가 아니라 미래 효용을 기준으로 판단해야 합니다.

이제는 소비하는 것이 삶의 가치를 높이는 투자이며 상품입니다.

'소유의 시대'에는 물리적 공간에서 배타적 권리를 주장하지만, '접속의 시대'에는 가상의 공간에서 네트워크로 모든 것을 모든 것에 연결하는 세상! 하이퍼링크 시대를 맞이합니다.

서비스 체험을 상품으로, 놀이와 소비를 상품으로 만든다며 설계자는 말하고 있습니다.

이제껏 살며 소모했던 것들이 이제는 매몰 비용이 아닌 생산적 수익의 원천이 되고, 수입원에서 배당이 발생하는 세상의 도래를 제대로 이해한다면 Kn541을 절대로 놓을 수 없습니다.

이제 심층 기반을 구축하는 'Club 2000'을 마무리하는 날, 플랫폼 시대의 새로운 시장이 우리 앞에 멋지게 펼쳐집니다.

그동안 매몰된 우리의 시간을 돌아보면서 "과거를 매몰 비용으로 생각해 떨쳐 내고 미래만 바라본다면, 이 과정에서 새로운 환경에 적응하는 비용이 클 수 있습니다. 하지만 사람들은 경험하지 않은 미래의 적응 비용을 과대평가하는 경향이 있습니다.

상황에 닥치면 사람은 빠르게 적응하는 동물이라, 실제 비용은 많지 않을 수 있습니다."라고 한 김경록 미래에셋 고문의 말을 생각해 봅니다.

그렇습니다. 우리의 Kn541을 알아갈수록 우리에게 다가올 미래는 비용이 아닌 기회이고 수익이라는 것을 알게 됩니다.

소비가 문화이고 문화는 합의한 행동 기준을 낳는 원천이라고 설계자께서 말하고 있습니다.

광장에서 공동체로 결속하고 신뢰를 바탕으로 정교한 규약이 이루어지며 가치를 재생산하여 사회적 자본을 형성하는 것, 이것을 이루는 시작이 바로 Club 2000입니다.

그래서 위대한 여정의 시작이라고 말합니다.

시스템은 갖춰 나가고 있습니다. 우리가 할 일은 Club 2000을 마무리하는 것입니다. 이제 잠에서 깨어 처음처럼 Kn541의 갑옷을 입은 용사가 되십시오.

새로운 대한민국을 여러분 스스로 세워 나가십시오.

미래의 부를 가져다줄
진정한 재능이란?

정영준

2005년도에 읽었던 '인생 책'을 다시 집어 들었다.

한 줄 한 줄에 다 밑줄을 긋고 싶을 정도로 여러 문장이 와닿았던 책이다.

그야말로 나에게 있어서 '인생 책' 그 자체였다.

첫 줄에 매료되었다.

"아무도 혼자일 수는 없다. 그러나 누구나 혼자일 때를 겪어야 한다."

이 한 줄의 문장은 나에게 많은 영향을 끼쳐 마치 득도한 느낌이 들게 했다.

그분의 부고 소식을 듣고 그분의 딸에게 나는 정성스러운 편지를 보내 위로했다.

19페이지에서 27페이지의 "미래, 보이지 않는 자원의 시대" 챕터가 인상적인 책이었다.

농경사회에서 지주는 사람을 가축의 일종으로 간주했다.

산업사회에서는 경영자가 인간을 기계 부품의 나사처럼 기능적 요소로 취급했다.

지식경제 사회에서는 어떨까?

유감스럽게도 인간의 존엄성을 지키기 힘든 세상으로 저자는 예상한다.

그러면서 단서를 달았다.

자신의 타고난 재능을 발견하고 개발하는 자는 사회적으로 인정받고 경제적인 부를 가지게 된다며 슬프고도 무거운 결론을 내렸다.

말이 쉽지. 도대체 나의 적성을 어떻게 알아차리란 말인가?

그러나 저자의 결론에 나는 저항할 수 없었다.

당시 자기계발서가 한결같이 "적성 계발"에 초점을 뒀기 때문이다.

그즈음 《아웃라이어(Outliers)》라는 책을 같이 읽었다.

한마디로 시대가 영웅을 만든다는 얘기다.

그러니 한 개인의 성공은 결코 자기만의 것이 아니라 시대적 산물이라는 것이다.

빌 게이츠(Bill Gates)가 지금 태어났다면 '이전과 같은 성공을 했을까.' 하는 질문이다.

그러니 그 성공을 사회와 공유해야 한다는 내용이다.

나는 하는 수 없이 양재천을 걷고 또 걸었다.

"내가 잘할 수 있는 게 뭘까? 나의 재능은?"

내게 남은 단어는 '반도체'였다.

"반도체와 내가 하려는 외식산업이 도대체 무슨 연관이 있단 말인가?"

정말 운 좋게도 나는 '고집적 반도체'에서 착안한 '고농축 진육수'를 '만능육수'로 개발했다.

그리고 대한민국1호 국물 조리사가 되었다. 그리고 플랫폼 환경에 갇혔다. 내 고객은 없었다.

내 제품을 사주는 고객은 알고 보니 네이버 고객이었다.

아이템을 가진 사업가라고 안도했는데 마케팅 단계에서 플랫폼 사슬에 갇힌 것이다.

어느 날 지인의 소개로 생소융합 플랫폼 Kn541 Shop 설계자를 만났다.

그분의 첫 마디는 2050년이 되면 성인 인구 5%만으로 제조-관리-유통을 다 한다는 것이다. 그래서 나머지 95% 잉여 인간이 소비 면에서 미래의 열쇠를 쥐고 있다고 앨빈 토플러의 주장을 빌려 말씀하셨다.

세월이 흘러서 보니, 글 쓰는 자신의 재능을 살렸던 작가는 치열한 삶 때문인지 작고하셨다. 그분을 사랑했던 나는 지금 이렇게 살아 있다.

적성이라는 게, 실체가 없어 증명하기도 어려운 것인데도 아직 여기서 못 벗어나 있다. 언제까지 적성 타령을 해야 할까 싶다.

'맹모삼천지교'로 보는 사례는 '적성'에 어떻게 대입하여 해석해야 할지도 모른 채 말이다.

한 개인의 적성을 논하기보다는 거대한 인간 사회의 흐름, 즉 인문에서 답을 찾아야 하지 않을까 싶다.

"미래의 부를 가져다줄 자신의 재능을 자본화하라."는 작가의 메시지는 20년이 지나서야 소비 재능보다 더한 재능이 없음을 깨닫게 했다.

이런 행운이 없다!

Kn541 생소한 이론의 탄생 배경과 특징

허남식

    정차조 설계자는 책 21쪽에서 'Kn541 생소한 이론'을 통해 사회가 변화하고 개인이 도약하기를 소망했다. 그리고 이 이론이 모두에게 창의적이고 건강하며 윤택한 생활을 가능하게 해 줄 것이라고 굳게 믿는다. 그렇다면 'Kn541 생소한 이론'이 "어떤 계기로 만들어졌을까?" 하고 책을 자세히 살펴보았다. 22쪽에서 설계자는 "17년간 공들여 공부하고 연구한 노력의 결실이다"라고 서술했다. 정차조 설계자는 자신의 뇌리에 두 가지 인륜을 따르는 난제가 있다고 했다. 하나는 인간은 삶의 피곤함에 찌들어 살면서 자연환경을 무너뜨리고 있다는 점이다. 다른 하나는 그렇게 치열하게 살면서도 결국 자기 입에 풀칠하는 아주 간단한 것조차 힘들게 해결하고 있다는 사실이다. 이 두 가지 문제, 즉 환경과 경제 문제를 동시에 해결하는 방법이 없을까. 설계자는 두 가지 문제를 해결하기 위한 17년을, 몸부림치며 자신과 싸운 시간이라 말한다. 환경과 경제 문제를 동시에 해결하는 새로운 방식의 시스템이 바로 Kn541 플랫폼이다. 독자는 '헛소리하고 있네', '뚱딴지같은 소리하고 있네', '콧방귀 뀌고 있네'하고 생각할지 모른다. 그러나 설계자는

'Kn541 플랫폼, 생소한 이론'에 대해 확신하고 있다.

Kn541 플랫폼은 줄여서 '541샵(가게)'라고 부르기도 한다. 특징은 '자가 쇼핑몰'을 통해 일자리를 창출하고, 실질 화폐 경제로 사용할 가상 자산(GreenT-token)이 있다는 점이다. 소비가 곧 수익이 되는 자가 쇼핑몰을 운영한다. 자가 쇼핑몰은 생소 융합 기반의 '사전 예약 구매'를 통해 영업한다. 구매와 동시에 협력사는 유통배당금을 지급하고, 계열사는 생산배당금을 지급하며, 자회사는 주식배당금을 지급한다. 이 부분은 새로운 공유 경제 모델이다. 541샵 속 자가 쇼핑몰 운영자는, 글로벌 '전자 오두막' 개척자로서 지구를 사랑하는 '그린 플루언서(Green Fluencer)'로서 활동한다. 결국 자가 쇼핑몰 운영자는 '지구사랑'으로 환경을 보호하고(E: Environmental), 사회적 책임 완수로 새로운 공유 경제를 실현하며(S: Social), 의사결정 투명성으로 소비자가 주권을 행사하는(G: Governance) ESG 기업을 운영한다. 자가 쇼핑몰 운영자는 누구든지 가능하다는 점이 특징이고 장점이다. 이는 '사전 예약 구매'를 통해 운영할 수 있다.

21세기는 인공지능(AI), 정보통신기술(ICT), 블록체인(Blockchain)기술의 개발과 발전의 고도화 시대이다. 이런 기술의 고도화에 따라 B2C(Business to Consumer), C2C(Consumer to Consumer)를 넘어서 공유 클라우드(Cloud) 기술 발전, 생소 융합(생산자와 소비자의 융합, Prosumer Fusion), 즉, 프로슈밍 활성화 시대로 접어들었다. 21세기 들어 많은 기업은, 소비자를 기업의 파트너(동반자)로 인정하기 시작했다. 기업은 소비자를 고객으로 모시고자 고객 찾기, 고객과 관계 맺기, 고객과 관계 강화 등의 방법으로 경영 전략을 수립하여 추진하고 있다. 한마디로 충성 고객을 확보하기 위한 생존 전략으로 총판, 대리점, 소매점 구조에 의한 홍보와 마케팅 비용을 엄청나게 투자하고 있다. 그만큼 제품의 이동, 보관, 판매, 배송, 폐기 등 전 과정에 큰 비용이 발생했다. 문제는 이런 엄청난 홍보와 마케팅 비용 및 제품의 생산과 유통 비용을 소비자가 대부분 부담해 왔다는 사실이다. 이러한 시장 유통 구조를 생산자와 소비자 간의 직접 구매 형태로 전환하는 방법은 없을까. 즉, 생산과 유통 체계를 소비자가 필요로 하는 맞춤형 생산시스템으로 전환할 수 없을까. 그리고 글로벌 플랫폼 기업과 스타트업의 70%가 공유 경제 플랫폼을 표방하고 있지만 가치 창출과 분배의 형태는 정보의 공유, 관계의 공유, 사물의 공유에만 한정적으로 머무는 한계가 있다. 설계자가 이런 질문에 정답을 찾고 한계를 극복하기 위해 제안한 것이 바로 Kn541 플랫폼이다. 기존 플랫폼의 한계를 벗어나기 위해 541샵 스타트업 창업 팀에 참가한 정영준 대표는, 관련 제조사에 541샵은 최고의 사업 파트너로 자리매김할 것이라며 확신한다고 했다. 왜냐하면 '사전 예약 구매 시스템'에 참여하는 제조사에 '100% 사전 결제'해 주는 것만으로도 제조사는 큰 힘이 되기 때문이다. Kn541 플랫폼은 공동 구매·생산·개발의 방법이다. 이것은 인공지능, 정보통신기술, 블록체인기술을 바탕으로 한 공유 클라우드 기술의 고도화를 통한 온라인 시스템, 금융 결제 시스템, 물류 시스템에 적용할 수 있어서 가능해졌다. 우리는 이러한 시대 변화를 이해하고 여기에 맞춰야 한다. Kn541 플랫폼은 자가 쇼핑몰을 무료로 분양하여 1인 백화점 시대를 구현한다. 그리고 이 플랫폼은 현재의 공유 경제 플랫폼이 가지는 한계를 뛰어넘어 생소 융합하여 소비자 주권 시대를 열어갈 수 있게 된 것이다. 소비자가 자가 쇼핑몰을 운영하면

3가지 배당을 공유한다. 첫째, 사전 예약 구매(협력사)를 통해 더 좋은 제품을 더 싸게 구매하고 유통 배당을 공유한다. 둘째, 사전 예약 구매(계열사)를 통해 더 좋은 제품을 더 싸게 구매하고 유통과 생산 배당을 공유한다. 셋째, 사전 예약 구매(자회사)를 통해 더 좋은 제품을 더 싸게 구매하고 유통, 생산 및 주식배당을 공유한다. 이런 생산시스템은 소비 확산을 통해 생산능력을 강화하고, 소비자가 기업 생산에 직접 참여함으로써 홍보와 마케팅 비용을 줄이고 유통 체계를 단순화시킨 플랫폼이다. 소비자가 사용하는 모든 제품은 '사전 예약 구매'를 통해 구매 비용을 생산에 투자하기 때문에 협력사, 계열사, 자회사가 생산한 제품을 '프랜차이즈(Franchise)'화 함으로써 새로운 유통 질서를 만들어 가는 것이다. 이로써 새로운 시장, 새로운 소비, 새로운 유통 문화를 열어갈 수가 있는 것이다. 지금까지 프랜차이즈는 가맹비, 매장 임대 보증금, 인테리어 등 상품을 공급하기 위해서는 담보물이 필요했다. 이제는 Kn541 프랜차이즈가 기존 시스템과 달리 모두 직영화 한다. 즉 가맹비, 매장 임대 보증금, 인테리어 제품 공급, 월 관리비, 전산 시스템 마케팅 비용 모두를 회사가 부담하는 새로운 생산시스템이다.

세상이 어떻게 작동하는지 알고 싶은 마음

조희철

"세상이 어떻게 작동하는지 알고 싶은 마음, 즉 지식에 관한 갈망이 우리를 인간으로 만든다."라고 마이클 셔머(Michael Shermer)는 '과학자처럼 생각하는 13가지 사고 도구'에서 말하고 있습니다.

우리는 매일 새로운 지식을 얻거나 배우면서 살아가고 있습니다. Kn541 플랫폼도 생소한 이론으로 소비자 주권 시대의 서막을 여는 새로운 지식과 개념으로 우리에게 다가왔습니다.

이제 시스템이 어떻게 돌아가고 작동하는지 알고 싶은 마음은 휴대전화를 처음 샀을 때와 같습니다. 궁금해서 이것저것 누르다 잘못하기도 하고, 작동법을 몰라서 젊은 아들에게 묻기도 합니다. 이제 웬만한 것은 다 하지만 아직도 모든 기능을 다 쓰지는 못하고 있을 뿐입니다.

이제 곧 오픈하여 작동할 자가 쇼핑몰은 우리가 인간이 그리는 무늬 속에 한 존재임을 확인해 줄 것입니다.

쇼핑몰의 새로운 지평을 열 Kn541 플랫폼을 Club 2000으로 꽃피울 것입니다.

공개하고 상당한 시간이 지났지만, 넷플릭스 드라마 〈폭싹 속았수다〉가 지속해 회자하고 있다. 넷플릭스 글로벌 TOP10 비영어 시리즈 부문 1위를 차지하기도 했고, '한국갤럽'의 조사에서는 한국인이 좋아하는 방송·영상 프로그램 1위를 차지하기도 했다. 지극히 한국적 소재임에도 브라질, 콜롬비아, 베트남, 대만, 터키 등 총 42개 국가에서 TOP 10 리스트에 오르며 세계적인 관심을 끌고 있다.

상황이 이렇다 보니 시리즈를 본 많은 사람들의 입에서 입으로 전해져 '인생 드라마다.', '아직 안 봤으면 꼭 한번 봤으면 좋겠다.'라는 권유가 많다. 그래서 일단 어떤 요소로 많은 대중의 관심과 호응을 얻었는지 궁금했다.

대략적인 구성은, 1950년대 제주도를 배경으로 당찬 소녀 오애순과 묵묵한 소년 양관식의 사계절을 담은 사랑 이야기를 중심으로 돼 있다. 1950년대부터 2025년까지의 시대적 변화 속에서 그들이 역경을 딛고 살아내는 서사를 사랑과 희생, 성장과 이별의 모습을 통해 3대에 걸쳐 그린 작품이다. 본인도 아직 못 봤지만 앞으로 볼 수도 있는 모든 분을 위해 시놉시스의 스포일링은 여기까지만 하겠다.

처음부터 본인 관심의 방향은 드라마의 줄거리나 배우의 연기에 있는 것이 아니라 이 드라마가 주고자 하는 메시지는 무엇이고, '이 드라마가 많은 사람을 왜 울리는가.', 그것을 본 이는 '어떤 생각을 가지고 사는 가.'이기 때문이다.

드라마의 배경인 1950년대부터 현재까지, 일일이 열거하기도 어려울 정도로 많은 일이 있었고 그 속에서 부모 세대와 우리는 많은 고민과 역경을 거쳐 오늘을 살고 있다. 그야말로 격변의 시대라고밖에 달리 표현할 단어가 생각나지 않는다. 한국전쟁 직후 우리 대부분의 형편은 가난했고 어려웠다. 지금도 혼란스럽지만, 정치는 당시에도 분주하고 힘들었다. 경제는 6·25 전쟁 이후로 후유증이 계속되었지만, 먹고 살기 위해 스스로 희생을 당연히 여기며 정부 주도의 경제부흥에 맞춰 열심히 일하고 저축하며 살아냈다. 사회는 독재와 민주화 체제 사이의 격차가 컸고, 제한된 울타리에서만 생활을 영위할 수밖에 없는 구조로 한참을 감내하며 살아내었다.

이러한 기나긴 여정을 거치며 살아온 세대에게 이러한 과거 시대상을 묘사하는 드라마는 언제나 '눈물 버튼'이 아닐 수 없으리라. 약 70년간 3대에 걸쳐 쉽지 않은 삶 속에서 끝내 희망을 놓지 않고 가족의 따스한 손을 잡으며 살아온 사람에게, 곧 우리 스스로에게 '정말 수고 많으셨다.'라는 말을 건네고 싶은 것이 아닐까.

시대극을 보면 그 시대의 복식과 생활 환경에 눈길을 간다. '아, 저 때는 저걸 썼었지.', '저게 그 당시 최신 유행이었는데….'라며 관심 둔다. 그리고는 현실의 환경과 비교해 보곤 한다. 분명 우리의 현재 경제 환경은 애순과 관식이 살았던 1960~70년대보다 윤택하고 풍요로운 때를 보내고 있다. 하지만 경제전망과 환경은 어느 때보다도 불안정하며 암울하기만 하다. 미국과 중국의 정책에 따라 요동치는 경제 현황과 이에 반응하여 나타나는 고환율·고물가를 보자면 희망의 요소를 좀처럼 찾기 힘든 현실이다. 드라마 인물이 그랬듯이 어려움에 봉착했을 때, 위기를 극복하는 방법은 오늘을 사는 우리의 몫이다. 갑자기 많은 돈을 얻는 뾰족한 수도 없고, 큰 수익을 보장한다는 사업에 무턱대고 있는 돈 없는 돈 끌어다 '묻지마 투자'를 할 수도 없다.

그렇다면 이 힘든 시기를 어떻게 내 살아야 할까? 물론 그 답은 현명하게 사는 것이 아닐까? 거의 매일 할 수밖에 없는 소비를 현명하게 실천하는 것이 대안이 아닐까? 경제를 구성하는 핵심은 언제나 '소비'였다. 또한 어느 세대이든, 어떤 성별이든지 우리는 '소비의 시대'에 산다. 해야 할 소비라면 소비자가 함께 모여 현명한 소비와 가치를 만드는 일에 참여하는 것이 필요하지 않을까? 함께 모여 새로운 가치를 만드는 일은 현재 내가 할 수 있는 최선이 아닐까? 개인적으로 Kn541에 참여한 가장 근본적인 이유가 여기에 있다. Kn541 대표직을 수락한 이유도 현실적인 대안을 만드는 일에 무슨 일이든 꼼꼼하게 분석해서 좀 더 나은 체계를 만드는 데 힘쓰고, 참여하는 소비자에게 해당 정책을 투명하게 전달하려는 마음에 있다. 이제는 다 같이 참여하는 공동체의 리더로서 막중한 책임을 느끼지 않을 수 없을 만큼 우리 공동체는 확장하고 있다.

드라마의 연령대별 시청률을 보면 50대 이상(14.8%), 40대(25.8%), 30대(31.2%), 20대(22.0%), 10대(6.2%)로 전 연령층을 아우르는 시청률을 기록했다. 업계 관계자에 따르면 "'폭싹 속았수다'의 흥행은 국내 OTT 주 이용 연령층인 2030뿐 아니라 4050부터 60대까지 폭넓은 시청자층을 확보한 것에 의미가 있다"라며 '세대 통합'이라는 전략적 접근법에 큰 의

미를 부여하기도 했다. 우리 아버지와 어머니의 삶, 가족, 사랑, 아픔, 용서와 같은 보편적인 이야기로 전 세대의 공감을 끌어냈다는 평가이다.

Kn541도 전 연령층이 고루 참여하는 플랫폼으로 나아갔으면 하고 바라본다. 현실의 경제적 난관 타개에는 2030이든 6070이든 구분이 있을 수 없다. '현명한 소비'라는 보편적 가치로 Kn541이라는 울타리 안으로 모여 혹독한 경제적 어려움이 즐비한 오늘을 함께 극복하는 것은 어떨까?

〈When life gives you tangerines〉가 이 드라마의 영어 제목이라고 한다. 직역하면 '삶이 당신에게 귤을 주었을 때'인데, 'When life gives you lemons, make lemonade.'라는 영어 속담에서 따왔다고 한다. '시디신 레몬을 가지고 달콤한 레모네이드를 만들어라.' 정도로 해석할 수 있는데, 주고자 하는 메시지는 '어려움을 극복하는 긍정적 자세를 가지라'라는 의미이다.

새로운 가치를 만들기 위해 뜻을 함께하는 Kn541 플랫폼 모든 참여자에게 "어려운 경제 상황을 현명하게 극복하며 살아온 당신, '폭싹 속았수다'."라는 말을 서로에게 건넬 수 있는 날을 기대해 본다.

지금 우리는 무엇을 준비해야 합니까?

조상현

지금 우리는 무엇을 준비해야 합니까?

혹독한 경제 한파가 밀어닥치고 있습니다.

트럼프 당선과 국내 계엄령에 이은 탄핵 정국의 영향으로 경제 상황은 바닥으로 곤두박질치고 있습니다.

정말 내년에는 많은 일자리가 사라질 것입니다.

미국이 금리를 올리면 한국, 중국, 일본, 유럽 중에서 버틸 힘이 없는 곳은 무너질 것입니다.

우리나라가 그 대상에 속할 확률이 높습니다.

그런데 우리의 관심이 어디에 쏠려 있습니까?

정말 우리 스스로 생존의 수단을 마련해야 합니다.

여-야-정부, 누구도 지금 민생을 챙기는 곳이 없습니다.

저는 서민이 살길은 하루바삐 Kn541의 사전 예약 구매 시스템 활성화로 생소 융합 플랫폼을 구동하는 것밖에는 없다고 봅니다.

저와 여러분 스스로가 아무리 발버둥 쳐도 국제 환경이 받쳐주지 않으면 금융위기는 올 수밖에 없다는 것을 이미 우리는 경험했습니다.

소비자가 뭉쳐 생소 융합 소비라는 마지막 줄을 잡아 생산과 유통 광고의 수익을 소비자의 수익으로 가져오지 못한다면, 서민은 나자빠질 수밖에 없는 현실이 펼쳐지고 있습니다.

다 같이 Club 2000의 조기 달성을 위해 힘을 모아야 할 때입니다. 541샵에 회원 등록을 오늘부터 당장 서두르고, 15일 이후 크루 20명 등록을 일사불란하게 마무리해야 합니다.

예약한 1만 명의 회원이 쇼핑몰에 등록해 사전 예약 구매를 실현하는 한편, Club 2000을 통한 4만 명의 그린티(GreenT) 생태계를 구축하여 내년 상반기까지는 이어질 크립토(Crypto) 시장의 불장(Bull Market)에 대비해야 합니다.

우리의 당면 과제는 우리가 해결해야 합니다.

일단 4만 명의 생태계를 만들면 그 다음은 저절로 이뤄질 것입니다. 왜냐하면 소비를 통한 수익 실현이 우리 눈에 보이고, 그것은 요원의 불길처럼 시장으로 확산할 것이기 때문입니다.

오늘 내가 일당을 버는 현실도 중요하지만, 내일은 오늘의 그 일자리가 사라질 수 있다는 것을 심각하게 인지해야 합니다.

별로 가진 것 없는 서민이 유일한 희망으로 잡아야 할 것은, 돈을 버는 시스템입니다. 판매와 매출에 단순히 집중하기보다 수익이 생기는 플랫폼 구축에 힘을 쏟아야 할 것입니다.

Kn541 가족 여러분, 정말 각자 온 힘을 쏟아 Club 2000의 목표를 이루는 데 동참해 주시길 부탁드립니다. 쇼핑몰은 기능별로 하나씩 제대로 준비하고 있습니다. 그 쇼핑몰을 움직일 정회원 4만 명이 우리의 목표입니다.

혹독한 경제 한파가 불어닥치면 누구도 우리의 방패막이가 되어 주지 않습니다. 우리끼리 십시일반 준비해야 합니다.

미국 대선에서 카멀라 해리스(Kamala Harris)가 당선될 것이란 우리나라의 기대감만으로 투자한 주식과 자본이 트럼프 당선으로 혹독한 시련을 맞이했습니다. 무엇이 바람막이가 되어 주고 있습니까?

우리 스스로 내일을 내다보고 준비해야 합니다.

여도, 야도, 정부도, 금융기관도, 언론도, 누구도 우리에게는 관심 없고 우리를 책임지지 않습니다.

Kn541의 생소 융합 플랫폼이 제대로 작동한다면 Kn541은 우리를 지켜 줄 것입니다.

냉혹한 현실에 냉정하게 판단해 보시기 바랍니다.

INTRO : 소비

1 소비로 돌아가는 세상	**2** 소비로 쓰여지는 역사
3 소비로 유지되는 경제	**4** 소비로 순환되는 사회
5 소비로 발전하는 산업	**6** 소비로 야기되는 기후 온난화
7 소비로 심화되는 양극화	**8** 소비로 움직이는 금융 시장

INTRO : 소비

1 소비는 삶의 질 향상	**2** 소비는 경제의 근본
3 소비는 경제 순환의 연결고리	**4** 소비는 기업의 근본
5 소비는 기업의 존재 이유	**6** 소비는 기업의 유일한 이윤센터
7 소비는 사회 관계망 가치	**8** 소비는 시장의 구조

제2장

다양성의 시대, 개개인의 가치를 찾다

'지식'의 진정한 시금석은 그것이 진리인가 아닌가가 아니라, 그것이 우리에게 힘을 주느냐의 여부다. 일반적으로 과학자들은 1백 퍼센트 정확한 이론은 없다는 것을 당연하게 여긴다. 그 결과, 진리인가의 여부는 지식인가 아닌가를 판별하는 검사법으로서는 부족한 것이 되었다. 진정한 시금석은 유용성이다. 우리에게 새로운 일을 할 수 있는 능력을 주는 이론이 지식이다..

· 유발 하라리 ·

지능 정보화 시대를 살아가는 우리의 자세

정차조

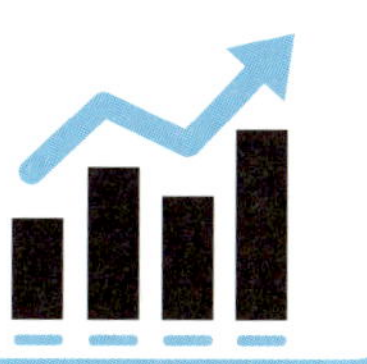

우리에게 친숙한 정보화 사회는 지식정보가 급격히 팽창하고 정보를 주요한 가치 증대의 수단으로 삼는 사회를 말한다. 최근에는 기술의 발전을 통해 이를 더 구체화해 '지능정보화 사회'라고 한다. '지능정보화 사회'란 인공지능(AI), 사물인터넷(IoT), 클라우드(Cloud), 빅 데이터(Big data), 모바일(Mobile) 등과 같은 4차 산업 혁명의 핵심 기술을 다양한 분야에 보편적으로 활용하면서 혁신적인 가치 창출로 발전하는 사회를 말한다.

산업혁명 이후 생산에서 중요 부분이 '자본'과 '노동'이었다면, 이제는 '데이터'와 '지식'이 대체하고 있다. 기술 발전의 속도는 하루가 다르게 빨라지고 있으며, 발전한 기술을 받아들이는 속도 또한 경제사회 각 부분에서 빠르게 변하고 있다. 맥킨지 글로벌 연구소(McKinsey Global Institute)는 《미래의 속도(2016)》에서 미래의 변화가 산업혁명보다 10배 빠르고 300배 더 크며 3,000배 더 강력할 것으로 전망하기도 했다. 그만큼 기술 진보는 따라가기 벅찰 정도로 가속하는 중이며, AI 기술은 세계 경제를 요동칠 만큼 그 파급 효과가 크다.

새로운 기술의 출현과 발전은 필연적으로 순기능과 역기능을 수반한다. 긍정적인 측면에서 지능 정보 기술은 환경 오염, 난치병, 기후 재난 등 지구촌 난제를 해결할 수 있으며, 고령화와 저성장 이슈 등 사회문제 해결에 중요한 수단으로 작용할 것으로 전망한다. 기술 진보에 따라 현재의 일자리는 소멸하지만, 새로운 일자리가 생기고 생산성 향상을 기대하기도 한다.

반대로 기술이 인간의 역할을 대체하면서 실업률은 올라가고 인간의 사회적 역할이 감소하면서, 감성적 특성을 상실할 것을 우려하는 목소리 또한 존재한다. 실제로 노동력을 인공지능으로 대체하면서 생겨나는 대단위 실업 사태는 막을 수 없는 사회적 문제로 대두한 지 오래다. 거기에 더해 이제는 전문 영역으로 간주한 의료와 법률 시스템에도 인공지능의 개입이 더욱 확장되고 있다. 환자 진료 및 치료법을 제시하는 의료 전문 AI인 IBM의 'Watson'이나 인공지능 법률 시스템인 ROSS Intelligence의 'ROSS'가 대표적 사례이다.

우리가 유심히 살펴보아야 할 것은, 오늘을 사는 우리에게 미칠 영향이다. 앞서 언급한 기술의 진보를 우리는 온전히 수용할 수 있는 준비가 돼 있는지 고려해야 한다.

지능정보사회는 우리의 삶을 획기적으로 변화시킬 것으로 기대되는 반면, 신체적·지역적·경제적·사회적 여건 등으로 인해 정보통신기술(ICT)에 관한 접근, 역량 및 활용 등이 취약한 계층에게는 지능 정보 사회의 혜택을 누리지 못하는 정보 불평등을 초래할 수 있다. 이러한 정보 격차는 사회적·경제적 불평등으로 이어질 수 있다.

가장 심각하게 받아들여야 할 점은, 지식과 정보에 관한 접근이 경제적 계층, 성별, 나이별로 불균형 하게 나타나 정보 격차(Digital Divide)가 점점 커질 수 있다는 것이다. 많은 연구자는 정보 격차의 변화 단계를 도입기, 도약기, 포화기의 3단계로 구분한다. 정보통신기술(ICT) 도입기의 정보 격차는 정보통신 인프라에 관한 접근 격차(Access divide), 도약기의 정보 격차는 이용 격차(Usage divide), 포화기의 정보 격차는 활용 수준의 격차(Divide stemming from the quality of use)로 구분한다.

이렇게 개념으로 이야기하면 직접 와닿지 않을 수 있으니, 필자의 경험을 일례로 생각해 보자. 식당이나 패스트푸드점에 도입한 지 오래된 키오스크(Kiosk) 앞에서, 최근에 한참 바라보거나 사용법을 직원이나 주변 사람에게 문의한 경험이, 나를 포함하여 장년층에 속한 사람은 한 번쯤 있을 것이다. 또한 스마트폰의 기능을 찾으려 버튼의 늪을 헤맨 적도 한두 번쯤 있을 것이다.

지능 정보 사회에서 정보 격차는 매우 중요하다. 지금까지 정보 격차가 정보통신기술(ICT)을 활용하지 못해서 발생한 불편함이었라면, 모든 것을 지능 정보 기술로 연결하는 사회에서 정보를 활용하지 못한다는 것은, 경제·사회·문화적 격차로 확산해 여러 불평등과 함께 새로운 계층으로 나뉠 가능성을 내포하기 때문이다.

부의 불균형의 문제가 산업화 시대에서는 자본에 기인한다면, 지 정보 사회에서는 정보 분석의 비(非)대칭성과 기술 역량 차이에 의해 새로운 부의 편중이 생겨날 수 있으며, 지금도 그 격차가 점차 커지고 있다.

정보 격차 외에도 알고리즘에 의한 개인정보 유출 등의 문제, 최근 딥페이크(Deep Fake) 기술의 유명인 도용 사례, 그리고 "인간의 편견과 편향성이 들어간 알고리즘은 불평등을 조장하고 민주주의를 위협하는 대량 파괴 무기만큼 위험하다."라고 캐시 오닐(Cathy O'Neil)은 편향 알고리즘이 미칠 영향을 경고하기도 했다.

취약 계층의 정보 격차를 해소 또는 완화하기 위해, 그리고 지식 정보 기술의 새로운 부작용을 최소화하기 위해 가장 중요한 것은 무엇일까? 정부 등 책임 있는 기관의 정책과 지식 정보 기술을 다루는 사람의 윤리 의식, 그리고 필자가 가장 강조하고 싶은 부분인 지식 정보 기술에 관한 본인을 포함한 우리의 관심과 학습, 그리고 수용하려는 의지이다.

필자는 지금까지 글이나 강의로 지식 정보의 중요성에 관해 역설해 왔다. 이유는 아주 단순하다. 세상을 움직이는 무기는 더 이상 노동이나 자본이 아니라 지식 정보 기술이기 때문이다.

지식이나 정보의 중요성이 부각되면 될수록 '사회 구조', '유통의 구조', '시장의 논리'는 계속하여 바뀌어 갈 것이다. 결국, 지식 정보 기술을 습득하고 관심 두는 사람만이 취약 계층의 꼬리표에서 벗어나 많은 새로운 가능성의 가치를 획득할 수 있다. 지식 정보 기술은 곧 '재산'이고 '자산'이다. 이는 물리적인 힘, 돈, 소유물 등 모든 것을 뛰어넘을 수 있는 궁극의 에너지이다. 지식 정보 기술을 선점하거나 최소한 그것을 알기 위해 노력할 때 다가오는 사회를 선도하고, 핵심을 지탱하는《린치핀(Linchpin)》으로 그 중심에 서 있을 수 있다. 지식 정보 기술은 가장 진보적 형태의 '힘의 원천'이기 때문이다.

> "새로운 지각이 열리면
> 다른 자아를
> 만날 수 있습니다."
>
> 조상현

"새로운 지각이 열리면 다른 자아를 만날 수 있습니다."

자아(自我)는 'Self'를 말합니다.

모든 종교는 자아와 신(神)의 관계를 말합니다.

자아는 하나뿐이라고 생각하지만, 자아에 또 다른 자아가 있을 수 있습니다.

깊은 명상과 수행을 통해 새로운 깨달음의 자아가 탄생할 수 있습니다.

이해가 잘 안되시면 세계(世界) 에 대해 먼저 생각해 보시면 됩니다.

시간의 흐름을 세(世)라고 합니다.

공간의 변화를 계(界)라고 합니다.

따라서 세계는 시간의 흐름 속에 공간의 변화를 말합니다.

이 시간의 흐름과 공간의 변화를 네 가지로 생각하면 세계를 보는 눈이 분명해집니다.

첫째, 공간도 변하지 않고 시간도 흐르지 않는 것입니다.

둘째, 공간은 변하지 않는데 시간은 흐르는 것입니다.

셋째, 공간은 변하는데 시간은 흐르지 않는 것입니다.

넷째, 공간도 변하고 시간도 흐르는 것입니다.

자전거를 타고 달리면 공간이 변하고 시간은 흐릅니다. 그것이 바로 현재의 자아가 바라보는 자연입니다.

영화관에서 영화를 보는 것, 공간은 변하지 않는데 시간이 흐르는 것입니다. 마찬가지로 우리가 하는 생각도 뇌라는 공간에 갇혀 시간이 흐르는 것입니다. 이때 생각이 매번 바뀌는 것을 기억이라고 합니다.

한편, 시간이 흐르지 않는데 공간이 변하는 것은 불가능합니다.

시간이 흐르지 않는 것을 '동시(同時)'라고 하는데 같은 시간에 내가 두 곳에 있을 수 없듯이 말입니다.

마지막으로 공간도 변하지 않고 시간도 흐르지 않는 영원, 불변, 불멸이라는 개념은 '신(神)' 또는 '이데아(IDEA)'의 세계입니다.

이렇듯 자아는 시간과 공간의 변화 속에서 실존하는 셀프(Self)이지만, 새로운 지각(깨달음)을 통해 이전과 다른 자아로 변할 수 있습니다. 지각(知覺)은 질문을 통해 새로운 세계상을 깨닫는 것입니다.

우리는 이제까지 소비에 관해 쓰고 낭비하며 사치하는 것으로 생각했습니다.

그런데 누군가 '소비가 과연 쓰고 없어지는 것인가'라는 질문을 함으로써 새로운 지각을 열었습니다. 소비는 생산의 주체이면서 모든 경제 활동의 주인공이라는 것을 지각한 것이죠.

소비하는 시간은 똑같이 흘러갑니다.

예전에도 현재에도 앞으로도 시간의 흐름 속에서 이어갈 것입니다.

소비하는 자아는 변하지 않죠.

하지만 소비하는 행동에 질문하며 다르게 지각하는 순간부터 다른 자아를 발견합니다.

소비를 통해 부를 축적하는 다른 자아가 생긴 것이죠.

즉, 소비의 시간 흐름 속에서 노동과 빈곤에서 해방하는 다른 셀프가 나타나는 것입니다.

소비의 시간은 거스를 수 없고 붙잡을 수도 없습니다.

하지만 그 흐름 속에 나는 어떤 모습으로 변할 것인지는 소비에 관한 새로운 지각(깨달음)에서 시작합니다.

세계는 내가 시간과 공간의 흐름 속에서 보는 자연스러운 셀프입니다.

새로운 세계가 열릴 것입니다.

바로 Kn541의 세계로 들어오면 새 자아를 만납니다.

그래서 '같이 가자(Koinonia)'입니다.

인생은 멀리서 보면 희극,

그러나 가까이 보면 비극이라고 누가 말했지요.

나이 들면서 많은 것을 뒤집어 생각해 보기 시작하면 모든 것이 고맙고 신기합니다.

힘들었던 삶도 자신의 부족함에 돌리면 미래는 달라 보입니다.

잘 산다는 건 자신과 다정하게 이야기 나누는 겁니다.

삶의 양면성을 인정하면 보이지 않던 것이 서서히 보입니다.

내 앞에 펼쳐진 현실에 매몰되어 산다면 비극이지요.

그러나 앞으로 다가올 우리의 세상 곧 Kn541이 만드는 지구사랑 소비 주권 공유 공동체를 생각하면 바로 입가에 미소가 번집니다.

그것은, 찰리 채플린(Charles Chaplin)의 〈모던 타임스(Modern Times, 1936)〉보다 더 신나는 희극이 됩니다.

설계자께서 발표하실 프로모션 패키지를 보면 놀라 기절할지도 모릅니다.

마지막 기회를 흘려보내지 마시고 Club 2000을 마무리하는 데 총력을 모아야 하겠습니다.

우리 몸은 생명의 주머니입니다.

우리는 종종 몸을 단순한 육체로 여기지만, 사실 몸은 생명의 주머니입니다.

몸에 생명이 깃들어 있을 때 우리는 건강하고 활기차지만, 생명이 사라지면 몸의 가치는 무의미해집니다.

그렇다면 몸의 가치는 무엇으로 결정할까요?

바로 생명의 '밀도'와 '순도'입니다.

내 몸의 가치를 높이는 법

✿ 생명의 밀도가 낮으면?

몸이 허약해지고 기운이 없습니다. 허기짐과 공허함을 느끼며, 무언가를 채우려는 욕망이 강해집니다. 이러한 상태에서는 탐욕과 집착이 쉽게 생겨납니다.

⚙ 생명의 순도가 낮으면?

몸에 힘이 있더라도 부정적인 감정에 휩싸이게 됩니다. 스트레스, 불안, 미움 같은 감정이 쌓이며 삶의 만족도가 떨어집니다.

결국, 몸에 생명 에너지가 충만해야 욕망을 다스릴 수 있고, 마음은 자연스럽게 평온함에 이릅니다.

몸을 바로 세우는 것이 생명을 살리는 시작입니다.

몸에 생명을 충만하게 채우기 위해 가장 중요한 것은 몸을 바로 세우는 것입니다.

척추가 틀어지고 자세가 흐트러지면 에너지를 제대로 채울 수 없습니다. 마치 밑 빠진 독에 물을 붓는 것과 같죠.

우리나라 전통 심신 수련법인 '기천(氣天)'은 바로 몸을 바로 세우는 수련법을 기반으로 합니다.

기천의 수련법에는 신법(身法), 단법(丹法), 심법(心法)이 있으며, 이를 통해 몸과 마음의 균형을 맞출 수 있습니다.

- ⟲ **신법(身法)** – 몸을 정돈하고 기초를 다지는 단계
- ⟲ **단법(丹法)** – 단전호흡을 기반으로 에너지를 충만하게 하는 과정
- ⟲ **심법(心法)** – 명상을 통해 마음을 정화하고 생명의 순도를 높이는 수련

이 세 가지가 조화를 이루면, 억지로 긍정적인 마음을 가지려 애쓰지 않아도 자연스럽게 편안한 상태가 됩니다.

생명의 꽃이 피어날 때, 우리는 자유롭습니다.

생명의 밀도가 높고, 순도가 깨끗할 때 '생명의 꽃'이 피어납니다.

이 상태에 이르면 삶의 본질적인 기쁨과 희열을 경험하게 됩니다

이 말은 단순한 비유가 아닙니다.

몸과 마음에 순수한 생명이 자리 잡으면, 자유롭고 충만한 삶을 살 수 있습니다.

불안과 집착에서 벗어나, 스스로 존재하는 것만으로도 기쁨을 느끼게 됩니다.

이것이야말로 진정한 자유이고, 궁극적인 행복의 상태입니다.

삶을 바꾸는 첫걸음

우리의 몸은 단순한 육체가 아니라 생명의 그릇입니다.

이제, 내 몸을 바로 세우고 에너지를 충만하게 만들어야 하지 않을까요?

몸과 마음이 균형 잡힌 삶, 그리고 생명의 꽃이 피어나는 삶을 Kn541과 함께 만들어 갑니다.

세상을 바라보는 시각(視覺) 또는 관점(觀點)

허남식

《Kn541 생소한 이론을 통해 세상을 봐라!》라는 책에서 수단(手段)과 목적(目的)을 함께 제시한 것을 발견했다. 제목에서 어느 부분이 수단(手段)이고, 어느 부분이 목적(目的)일까요? 수단(手段)은 'Kn541 생소한 이론'이고 목적(目的)은 '세상을 봐라!'이다. 세상을 바라보는 시각(視覺) 또는 관점(觀點)은 여러 가지가 있다. 마치 프리즘(Prism)을 통해 빛이 여러 색깔로 나뉘는 것처럼, 각자의 경험, 가치관, 지식에 따라 세상을 다르게 해석하고 이해하기 때문이다.

몇 가지 주요한 관점(觀點)을 소개하면 다음과 같다.

첫째, 철학적 관점이다. 여기에는 실재론, 이상주의, 회의주의, 실용주의 등이 있다. 실재론은 세상은 우리 인식과 관계없이 객관적으로 존재한다는 관점이다. 이상주의는 세상은 우리 마음이 만들어 낸 관념이며, 객관적인 실재는 없다는 것이다. 회의주의는 세상에 관한 진정한 지식의 성립은 불가능하며, 확실한 것은 없다는 논리이다. 실용주의는 진리는 실용적인 결과를 가져오는 것이며, 유용성을 기준으로 판단해야 한다고 주장한다.

둘째, 과학적 관점이다. 여기에는 결정론, 불확정성 원리, 진화론 등이 있다. 결정론은 모든 사건은 이미 결정되어 있으며, 자유 의지는 환상이라는 관점이다. 불확정성 원리는 미시 세계에서는 입자의 위치와 운동량을 동시에 정확하게 측정할 수 없다는 것으로, 세상에 관한 예측 가능성에 의문을 제기한다. 진화론은, 생물은 환경에 적응하면서 진화했다는 관점으로, 생명체의 다양성과 변화를 설명한다.

셋째, 종교적 관점이다. 여기에는 유신론, 범신론, 무신론 등이 있다. 유신론은 신이 세상을 창조하고 다스린다는 관점이다. 범신론은 신은 세상과 같으며, 모든 만물에 내재한다는 내용이다. 무신론은 신은 존재하지 않는다는 관점이다.

넷째, 사회·문화적 관점이다. 여기에는 개인주의, 집단주의, 자본주의, 사회주의, 페미니즘 등이 있다. 개인주의는 개인의 자유와 권리를 중시하는 관점이다. 집단주의는 공동체의 이익과 조화를 중시하는 것이다. 자본주의는 자유 시장 경쟁을 통한 경제 성장을 중시한다. 사회주의는 사회 전체의 복지와 평등을 내세운다. 페미니즘은 여성의 권리와 평등을 주장한다.

다섯째, 예술적 관점이다. 여기에는 낭만주의, 현실주의, 모더니즘, 포스트모더니즘 등이 있다. 낭만주의는 감정과 상상력을 중시하는 것으로, 세상을 아름다움과 이상으로 바라본다. 현실주의는 세상을 있는 그대로 묘사하고, 사회 문제를 고발하는 관점이다. 모더니즘은 전통적인 형식과 가치관을 거부하고, 새로운 표현 방식을 추구한다. 포스트모더니즘은 절대적인 진리나 가치는 없으며, 모든 것은 상대적이라는 관점이다. 이 외에도 세상을 바라보는 시각(視覺) 또는 관점(觀點)은 무궁무진하다. 중요한 것은 다양한 관점을 이해하고, 자신의 시각을 넓혀 나가는 것이다. 세상을 어떻게 바라보느냐에 따라 우리 삶의 방식과 가치관이 달라질 수 있기 때문이다.

새로운 세계를 보려면 새로운 창문이 필요합니다

조상현

오늘은 제가 존경하는 분이자 자연과학운동을 하시는 박문호 박사님의 얘기를 소개 드리려고 합니다.

사람은 항상 내가 가지지 않은 것을 가치 있다고 생각하고, 그것을 가지려고 끊임없이 도전한답니다. 그 가치를 얻고자 도전하는 삶이 우리 인생이라고 볼 수 있습니다.

물론 그 가치의 대상은 나이를 먹을수록 점점 변해 가기도 합니다. 장난감, 맛있는 음식, 좋아하는 이성, 일하기 좋은 직장, 인정받는 지위, 편안한 집, 행복한 가정, 질병 없는 건강, 빈곤 없는 노후, 고통 없는 죽음 등….

아무튼 각 단계별로 사람은 끊임없이 자신의 결핍을 채우려고 자신이 갖지 않은 것에 가치를 두고, 그것을 얻기 위해 목표를 설정하여 도전하는 삶을 살아가고 있습니다.

물론 가치는 외부에 있는 것만이 아니고 내면으로 향하기도 합니다. 지적 욕구, 해탈, 구원, 인류애, 이웃 돕기, 지구 사랑 등….

어쨌든 본인이 가지지 않은 것에 가치를 두고 그것을 얻기 위한 목표를 세워 도전하는 삶이 우리 인생이라고 할 수 있습니다.

모든 것에 가치가 없다고 느끼면 그 인생은 목표의 부재로 살아갈 이유 또한 없는 것 아닐까요?

여러분은 각자 가치를 두고 있는 것을 목표로 삼아 그것을 이루는 수단으로 Kn541을 선택했을 것입니다.

그렇다면 우리가 목표로 두는 가치는 무엇일까요?

1. 경제적 빈곤을 벗어나는 것

2. 자아 실현할 수 있는 일을 갖는 것

3. 편안한 노후생활을 보장하는 보금자리

4. 살아오면서 오염시킨 지구를 위해 조금이라도 도움되는 일

5. 살아오면서 실추된 명예를 회복하는 것

6. 건강하게 삶을 살아가는 것

7. 외롭지 않게 대화할 수 있는 친구를 갖는 것

8. 답답한 도시를 벗어나 자연 속에 파묻혀 보는 것

9. 나처럼 힘든 사람을 위해 조금이라도 도울 수 있는 것

10. 가보지 못한 세상을 맘껏 여행해 보는 것

이 모든 것은 현재 각자 갖지 못한 것일수록 더 크게 가치가 있다며 생각합니다. 그것을 한번 가져보고 싶다는 목표를 세우거나, 가질 수 없다고 포기해 욕구를 스스로 억제하면서 살아갑니다. 여러분은 Kn541이 '새로운 돌파구가 될까?'하는 마음을 가지고 있을지 모릅니다. 이런 가치가 나의 삶에서 누려지는 새로운 세상은 우리에 갇힌 우리들의 인

식이 깨질 때 열린다고 정차조 설계자는 항상 얘기합니다.

인식의 변화, 새로운 세상을 원한다면 새로운 세상을 볼 수 있는 창문이 있어야 한다고 박문호 박사님은 얘기합니다.

결국 두 분 다 같은 얘기를 하고 계십니다.

Kn541의 새로운 이론으로 세상을 볼 때 비로소 소비자인 내가 경제의 주체임을 깨닫습니다. 나만의 소비가 아니라 다 같이 생산 소비자로 동참할 때 돈과 생산 및 유통의 흐름, 환경 오염의 흐름을 바꿀 수 있습니다. 그것을 통해 자신이 목표로 하는 것을 이룰 수 있다고 Kn541은 말하고 있습니다.

그렇다면 지금 우리는 Kn541의 성공적 출범과 구현을 모두의 목표로 삼아야 합니다.

박문호 박사님은 목표를 이루기 위해서는 "목표에서 눈을 떼지 마라."라고 말하십니다. 목표에서 눈을 떼지 않으면 어떤 일이 벌어질까요?

첫째, 장애물이 사라집니다.

우리가 어떤 목표를 이루는 과정에서 생기는 장애물은, 사실 목표를 보지 않고 장애물을 보기 때문에 생기는 것입니다. 어떻게든 목표를 이루겠다고 목표만 보면 장애물은 더 이상 장애물이 아닙니다. 진정으로 목표만을 보지 않고 자꾸 두리번거리니까 모든 것이 장애물이 되는 것입니다.

둘째, 목표 달성을 위한 주파수를 찾게 됩니다.

어릴 적 좋아하는 이성이 처음 생겼을 때, 내 눈에는 그 사람만 보이고 그 사람의 목소리만 들리는 것을 경험해 보셨을 것입니다.

목표에서 눈을 떼지 않으면 목표는 우리가 쫓아오게끔 주파수를 보내고, 우리는 그 주파수를 쫓아 목표에 이르게 된답니다.

셋째, 목표에 눈을 떼지 않으면 나하고 아무 관계없는 세상이 도우려고 아우성을 친다는 것입니다.

아마 이 말에 공감하시는 분이 많이 계실 것입니다. 어떤 목표에 눈을 떼지 않고 전념하고 있을 때, 나와 전혀 관계없는 분을 우연히 만나게 되고, 그분이 내 일을 도와주는 경험을 해 보셨을 것입니다. 그래서 하늘은 스스로 돕는 자를 돕는다고 하지 않습니까? 우리가 목표에서 눈을 떼지 않고 전념하고 있을 때 얼마나 뜻밖의 만남과 도움이 많았습니까!

그렇습니다.

목표에 눈을 떼지 않으면 모든 세상은 그 목표를 이루는 대로 돌아갑니다. Kn541은 우리 최고의 목표이자 유일한 목표로써 손색이 없습니다. 왜냐하면 위에서 우리가 가치를 둔 모든 것을 Kn541로 이룰 것이니까요.

Kn541은 우리의 목표인 만큼 우리는 이 목표에서 눈을 떼면 안 됩니다. 집중하지 않으면 자꾸 장애물이 생깁니다. 오늘은 차분한 상태로 Kn541에 목표를 두고 눈을 떼지 않으며 집중하고 있는가 생각해 보는 시간을 가졌으면 좋겠습니다.

웹3.0 시대의 크리에이터 경제

이용근

웹1.0은 자사의 콘텐츠만 올리는 홈페이지형으로, 대다수 소비자는 콘텐츠를 검색하고 소비하는 역할만 했다. 예를 들면 구글, 네이버 등과 같은 검색 서비스이다. 따라서 소비자는 검색하고 읽을 뿐이다. 웹2.0 시대는 최종소비자인 사용자가 콘텐츠를 생산하는 참여형으로, 사용자가 정보를 올리고 공유하는 단계이다. 이는 사용자가 직접 올리고 공유한다는 의미에서 홈페이지형이기보다는 플랫폼에 더 가까운 개념이다. 플랫폼에 정보와 콘텐츠를 올리는 사용자가 많아질수록 플랫폼은 고도화되고 사용자는 플랫폼의 주인이 된다.

예를 들면 유튜브, 페이스북 등과 같은 SNS 서비스가 있다. 웹3.0은 사용자가 정보를 올리고 공유한다는 면에서 웹2.0과 같지만, 사용자가 직접 자신의 콘텐츠를 관리하고 거래하는 특징이 있다. 따라서 웹3.0은 사용자가 자신의 콘텐츠를 가장 가치 있게 만들고 쉽게 거래하도록 구성한 '1인 기업형' 플랫폼이다.

<table>
<tr><td align="center">WEB 1.0</td><td align="center">WEB 2.0</td><td align="center">WEB 3.0</td></tr>
<tr><td align="center">SEARCH   READ</td><td align="center">UPLOAD   SHARE</td><td align="center">OWNERSHIP   DEAL</td></tr>
</table>

최근 개인의 창작활동을 활발하게 해주는 플랫폼이 웹3.0이다. 웹3.0에서 창작한 콘텐츠 데이터는 모두 소유권이 인정되어 크리에이터 경제를 확산시킨다. '크리에이터 경제'는 개인이 자신만의 복제 불가능한 콘텐츠를 생산하여 판매하는 경제를 의미한다. 유튜버, 이벤트 기획자 등 콘텐츠를 제작하여 플랫폼에 유통하는 '플랫폼 1인 기업'이 여기에 속한다. 플랫폼 크리에이터 사회에선 거의 모든 사람이 1인 기업가로 활동할 것이다. 크리에이터로서 창작하기 위해서는 무엇보다도 10인 1색에서 1인 1색의 삶으로 바꾸고, 동시에 1인 1색에서 1인 10색을 추구하는 삶으로 나아가야 한다. 결국 플랫폼을 통한 크리에이터 경제는 개인의 창의성을 경제적 가치로 전환하는 새로운 모델이자 유토피아(Utopia) 세계로 넘어가기 위한 마지막 관문이다.

캘리포니아대학교 경제학과 교수인 브래드퍼드 들롱(J. Bradford DeLong)은 《20세기 경제사》에서 경제가 전례 없이 성장하였음에도, 사회적 정의와 균형을 이루지 못하고, 빈익빈 부익부를 양산한 점을 언급하며 유토피아 사회에 도달하지 못했음을 지적했다. 그의 저서에 따르면 북대서양의 일부 지역에서 1인당 소득이 1870년에 비해 20배가 증가했고, 최빈곤층은 무려 70%에서 9%로 감소했다. 인류는 1870년에 비해 빈곤의 덫에서 벗어나 물질적 풍요를 누리고 있지만 유토피아 사회에는 도달하지 못하고 있다. 기존의 경제적 성장은 인간의 삶을 풍요롭게 했지만, 개인 간의 빈부격차를 커지게 했다.

우리는 소비를 권장하는 사회에서 소비자로 살아가고 있다. 생산을 중시하는 사회에서는 소비보다는 절약과 저축을 권장했다. 저축의 날을 지정하고, 저축왕을 선정해 표창을 주던 시대도 있었다. 저축을 많이 하면 학교 졸업식 때 상을 주기도 했다. 카드를 사용하는 신용 사회로 접어들며 어느새 저축이 슬며시 사라지고 소비를 부추기는 소비 사회로 변화했다. 지금은 저축이 아니라 소비가 미덕인 시대이다.

소비가 미덕이 된 이유 중 하나로, 영국의 경제학자 케인스(Jon Maynard Keynes)가 제기한 《저축의 역설》이 있다. 요점은, 저축을 늘려 부(富)를 축적하면 소비가 위축되고, 경제활동 저하로 이어져 불황을 일으킬 수 있다는 것이다. 특히 경기가 좋지 않을 때 저축을 늘리면 '저축 증가 → 소비 감소 → 생산 위축 → 고용 감소'라는 악순환을 초래한다는 것이 케인스의 생각이다. 케인스 이론을 수용한 학자는 저축보다는 소비를 증대하여 상품과 서비스에 관한 수요를 높이려 한다. 기업은 여기에 충족하려고 생산을 확대하여 경제 활성을 높인다. 이는 고용과 소득의 증가로 이어져 다시 소비를 촉진함으로써 경제성장을 강화하는 선순환을 형성한다고 주장했다.

많은 사람이 자신의 사회적 지위를 소유와 소비로 확인할 수 있다고 생각한다. 소유와 소비를 통해 남보다 돋보이고 싶은 심리를 베블런 효과(Veblen Effect)라고 한다. 베블런 효과는 미국 경제학자 쏘스테인 베블런(Thorstein Veblen)이 《유한계급론》에서 언급했다. 부유한 사람이 남에게 과시하기 위해 사치성 소비하는 것으로, 가격이 싼 상품보다 비싼 상품을 오히려 더 선호하는 현상이다.

경제가 성장하면 할수록 베블런 효과가 전 계층으로 확산하고 있다.

이러한 결과로 자원은 빠르게 줄어가고, 환경은 심각하게 훼손되어 지구온난화 현상을 부추기고 있다. 지구온난화를 완화하기 위한 제도로 '탄소 배출권 거래제'를 만들었다. '배출권 거래제'란 온실가스를 배출하는 사업장을 대상으로 정부가 연 단위로 배출권을 할당하여 범위 내에서 온실가스를 배출할 수 있도록 하는 것이다. 또한 할당 사업장의 실질적 온실가스 배출량을 평가하여 여분 또는 부족분의 배출권에 관해서는 사업장 간 거래를 허용한다.

소비가 미덕인 시대가 끝나면 다시 저축이 미덕인 시대가 될 것인가? 아마 그렇지 않을 것이다. 소비가 미덕인 시대는 소비 사회를 한 단계 더 발전한 소비가 주권인 시대로 진화할 것이다.

INTRO : 컨셉

술잔 속에서
아버지를 생각한다

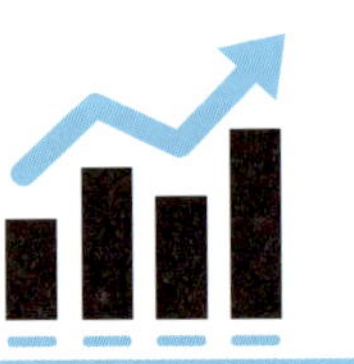

정영준

Kn541 회원 여러분, 저는 오늘 인천 아지트에서 정차조 회장님의 설계도를 해석하고, 서울로 이동해 미래의 Kn541 멤버를 만나 술잔을 기울였습니다. 그리고 집으로 돌아가는 길입니다.

과천 정부종합청사역 9번 출구로 내렸다가, 회사 다닐 때 구조조정하고 집으로 돌아오는 길에 새벽녘까지 앉았던 그 의자를 찾아서 과천역 7번 출구로 향했습니다.

내가 만든 반도체가 시키는 못된 일을 하면서 트렌드를 몰라 회사를 원망했죠.

집 앞에서 방문을 열 용기가 없어 이슬이 내릴 시간까지 앉았던 그 의자입니다. 그리고 아내를 설득해 사표를 냈습니다. 회사가 나를 자르기 전에 내가 회사를 잘라 버리겠다고. 월급쟁이지만 지키고 싶은 자존감이었던 것이죠.

무계획으로 낸 사표를 통해 저는 간절함의 비전을 보았고, 그걸로 저는 실존적 가치에 관해 공부할 수 있었습니다.

태생적 DNA가 형이상학적인 제가 형이하학에 눈을 떴고, 물질인 돈으로 저를 증명해 보려고 몸부림친 세월이 올해로 18년째입니다.

양반 사회에서 살던 아버지는 형이하학을 이루지 못해 자식인 저에게 모진 말을 들어야 했습니다.

'부모라면 소매장군을 져서라도 자식을 가르쳐야지'라고 아버지를 언행 불일치로 비판하면서 이율배반을 붙여 몰아세웠습니다.

알량한 우등상을 타 가지고 집으로 돌아와서 아버지 가슴에 못을 박았죠.

돌아가시기 전 오직 저만 찾다가 저에게 끝내 말씀조차 못하고 돌아가신 아버지.

저는 그분을 위해 반드시 형이하학의 실체인 돈으로 증명해 낼 것입니다. 이러한 목표는 있지만 현실은 너무도 벅찬 와중에 정차조 회장님을 만났습니다.

그분은 사전 예약 구매를 들고 있었고 저는 팬덤 마케팅을 들고 있었습니다. 제가 Kn541을 확신하는 이유가 바로 이 지점입니다.

그래서 제 꿈을 이루기 위해 제가 근무했던 반도체 그룹사의 기획 상무이셨고 부사장을 지낸 바 있으며, 창업자의 정신을 그룹원 모두에게 심어야 할 과제를 짊어진 조희철 고문님을 디렉터로 모셨습니다.

저는 진실로 고백합니다.

Kn541은 반드시 여러분이 고대하는 물질적 목표를 이룰 확실한 도구라고 확언합니다.

내일 저는 광주행 고속버스에 몸을 실을 것입니다.

Kn541의 미래를 역설하기 위해서죠.

함께하는 여러분을 사랑합니다.

행복에 관한 단상

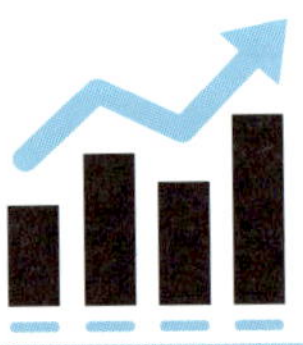

조희철

☼ **행복한 삶, 결국은 의미 있고 즐거운 삶이어야 합니다.**

이런 삶을 위해서는 언제나 밝은 생각이 앞서야 합니다. 자신의 좋은 점을 먼저 떠올려야 합니다. 내가 나를 행복하게 보지 않으면 남도 나를 행복하게 보지 않습니다. 우리가 몸담은 코이노니아(Koinonia) Kn541은 우리와 주변의 모든 이를 행복하게 합니다. 그렇기에 우리는 믿고 자신 있게 말합니다. 새로운 소비자 주권 시대의 소비경제 패러다임을 바꾸어 갈 Club 2000과 함께 하자고!

☼ **행복의 진정한 비결은 현재를 사는 데 있습니다.**

누릴 수 있을 만큼 누리고, 만들 수 있을 만큼 만들어 내십시오.

그리고 마지막은 감사로 마무리하십시오. 지금 여기에 Here & Now, Kn541에 몸담고 있음에 감사하며 Club 2000의 그 위대한 여정의 시작에 함께 행복의 크루즈에 올라 소비가 수익이 되는 신세계를 향해 나아가시기를 바랍니다.

🔹 행복한 사람은 어떤 여건에서도 긍정적입니다.

일이 생기면 기회가 주어진 것으로 받아들입니다. 우리에게는 Club 2000이라는 행복의 기회를 맞이하고 있습니다. 이 기회를 자기 것으로 만드는 사람만이 행복을 차지할 수 있는 자격이 있습니다.

가만히 기다리면서 특별한 것을 기대하고 살아가면 그때부터 행복과는 거리가 멀어집니다. 인생의 답은 어떤 경우에도 자신 안에 있습니다. 언제라도 사람이 답입니다. 사람과 사람 사이에 Kn541이 가교가 되어 이전의 닫힌 나를 벗어버리고, 새로운 시대에서 소비자가 주인인 열린 플랫폼으로 안내할 것입니다.

🔹 행복한 사람은 어떻게 되든지 잘될 것으로 생각합니다.

그렇기에 감사하는 마음이 생겨납니다. 감사하는 마음이 있으면 결국은 삶을 사랑하게 됩니다. 내 몸과 마음에서 행복의 밝은 모습을 찾는 훈련을 지금 시작해 보십시오.

Club 2000은 여러분을 행복의 길로 안내할 것입니다. 찾지 못했던 나의 소비자 주권을 찾아가십시오.

행복은 처음부터 이미 내 몸 안에 있습니다. 모를 뿐입니다.

내가 무엇을 어떻게 하느냐에 따라 행복이 가까이 오기도 하고 달아나기도 합니다. 다가오는 행복을 붙잡아 보세요.

🔹 행복은 선하고 좋은 일을 한다고 생각할 때 이룰 수 있습니다.

그러므로 삶의 즐거움은 작은 만족일지라도 값지게 생각하는 데 있습니다. 행복은 '얼마나 가졌는가'에 있지 않습니다. '얼마나 누리는가'에 있습니다. 누군가 말했습니다.

행복도 하나의 기술이라고, 자신 속에서 자기가 발견하는 기술이라고 했습니다. 소비도 기술이라고 했습니다. 소비자의 주권을 찾도록 해주는 Kn541 플랫폼을 우리는 만났습니다. 이제 행복은 언제라도 나와 함께 할 수 있고, 생산자와 소비자 모두에게 선하고 좋은 프로슈밍 환경을 만들었습니다. 비싼 임대료 내는 가게를 가지려 하지 말고 Club 2000 자가 쇼핑몰에서 마음껏 누리십시오.

⚙ 아무리 작은 행복도 자신을 돌보는 사람만이 가집니다.

행복은 그 순간, 이 자리에 존재하는 내 자신입니다.

그동안 살기 위해 일 하면서 수입을 챙기고 그것을 토대로 소비를 해왔습니다. 경제의 선순환은 소비를 통해서 재화가 흐르고, 재화는 다시 가계를 위한 수입의 형태로 나에게 옵니다. 그것이 다시 소비를 통해 시장에 흐릅니다. 시장경제는 이렇게 순환을 반복하면서 경제의 규모를 결정합니다. 그러니 소비가 없으면 경제는 멈춥니다.

행복의 조건은 소비를 늘리거나 욕망을 줄이는 것으로 가능하다고 했습니다. 그러면 어떻게 소비의 가치를 높일 수 있을까요?

소비를 통해서 나 자신을 돌보는 배당이 생기고, 그 배당을 주변 사람과 나누며 지구사랑을 실현합니다. 이보다 더 존재감과 가치를 지닌 소비가 어디 또 있나요?

⚙ 행복은 도전입니다.

새로운 방식으로 다시 뛰어드는 행위입니다.

진실은 때때로 시행착오를 겪은 뒤에야 깨달을 수 있습니다. 그리고 그 깨달음이 모여 새로운 인생 지도를 만듭니다. 많은 사람이 돈을 벌기 위해 행복을 멀리하고 있습니다.

그러나 우리는 매일 행복을 찾기 위해 오랜 기다림 속에서 질문합니다. 당신의 사명은 무엇인가요? '지구사랑'이라고요?

그것을 원하는 파트너는 누구일까요?

진정한 고객은 어디에 있으며, 그들이 소중하게 여기는 가치는 무엇인가요?

우리의 가장 소중한 가치는 소비자 주권 시대를 준비한 사람을 제대로 완성하는 일입니다. 그를 위해 우리는 오늘도 매진합니다.

행복은 지금 여기에 있는 여러분 곁에 Kn541 플랫폼으로 이미 다가와 있습니다.

✿ 행복의 한쪽 문이 닫히면 다른 쪽 문이 열린다.

헬렌 켈러(Helen Keller)는 "행복의 한쪽 문이 닫히면 다른 쪽 문이 열린다. 하지만 때로 우리는 닫힌 문만 너무 오랫동안 바라보는 바람에 우리를 위해 이미 열려있던 다른 문을 보지 못한다."라고 말했습니다. 이제껏 익숙한 습관을 버리지 못하고 새롭게 열린 새 세상을 보지 못합니다.

우리의 Kn541 플랫폼이 열리고 있는 이 시간 속에 초대받지 않은 분을 안타깝게 생각하며 기도로 인도합니다.

어느 시인의 말처럼 '반중등 열린 문에 눈길이 가누나'.

Club 2000의 문은 활짝 열려 있습니다.

이미 닫힌 문을 바라보지 말고, 새로 열린 신세계로 들어오십시오. 당신과 우리가 모두 행복할 그날이 다가오고 있습니다.

✿ 행복한 순간은 늘 우리 앞에서 기다리고 있습니다.

그러므로 지금 하는 일이 가장 소중합니다.

높이 나는 새는 늘 멀리 봅니다.

행복도 마찬가지입니다.

우리가 만난 Kn541 플랫폼은 소중하면서 행복한 내일을 위해 높은 곳에서 멀리 보고 있습니다.

그리 멀지 아니한 때에 모든 것이 여러분 앞에 펼쳐질 것입니다.

미리 크루를 모으십시오. 자가 쇼핑몰에 많은 사람이 등록할수록 우리의 가치는 높아집니다. 곧 그린티가 상장하면 이제껏 보지 못한 뜻밖의 혜택을 맛볼 수 있을 것입니다.

✿ 진정 행복은 크고 많은 데 있는 것은 아닙니다.

우리 주변에 늘 숨어 있습니다.

우리가 찾지 못하고 먼 데서 찾으려고 헤매다 시간을 낭비하고 뒤늦게야 그것이 가까이 있었다는 사실을 알지만, 기회를 놓쳐서 후회합니다.

이제 우리 곁에는 Club 2000이라는 든든한 친구가 있습니다.

Kn541 플랫폼을 통해서 자가 쇼핑몰이 작동할 때 여러분의 행복은 슬며시 곁에 와 머물 것입니다.

✿ 행복은 물과 같습니다.

그릇에 담으면 형태가 보입니다. 그릇은 다른 무엇이 아닙니다. 내 몫의 책임감입니다. 그러므로 행복은 흔히 생각하는 조건에서 오는 것이 아닙니다. 어느 날 문득 찾아오는 깨달음에서 시작합니다.

행복하다고 먼저 생각하십시오. 그래야 깨달음에 닿을 수 있습니다.

그러기에 행복은 사는 것이 아니라 만드는 것이라 했습니다.

Kn541 플랫폼에서 지금 만드십시오. 지금 행복하지 않은 만큼 행복은 멀어집니다. Club 2000은 우리 주변 사람을 행복하게 만드는 크루즈가 될 것입니다. 이제 곧 우리와 함께할 여러 협력사가 입점합니다. 소비자 주권 시대에서 상생의 공유 경제 모델을 실현할 것입니다.

❖ 행복은 삶의 목표입니다.

행복을 파는 곳은 없습니다. 살면서 깨닫지 못하면 죽는 순간까지 알 수 없는 것이 행복입니다. 바로 Kn541 플랫폼이 그렇습니다. 모든 것을 싸서 손에 쥐여 주어도 아직도 뭔가 부족함을 느낍니다. 오직 Club 2000 크루의 규모로 평가받는 날이 옵니다. 지금, 이 순간에도 우리 곁에 다가온 행복을 여러분 곁에 두십시오.

이 세상이 새롭게 보이는 날이 올 것입니다.

❖ 행복한 사람은 가진 것에 감사드리고 사랑합니다.

불행한 사람은 못 가진 것을 찾고 그리워합니다.

그러므로 행복의 또 다른 표현은 만족입니다.

'지금 여기에' Here & Now

가지려고 Having

일해 왔고 Doing

지금 여기까지 왔습니다.

이제 우리의 존재(Being) 이유를 생각하며 'Wellbeing'의 시대를 맞이하고 있습니다. 이제 우리만의 자가 쇼핑몰 Kn541 플랫폼으로 새로운 소비자 주권 시대의 지평을 열어 갑니다. 진정한 웰빙 시대를 우리 스스로 만들어 갑니다. Club 2000은 그 시기를 앞당겨 줄 것입니다.

모두가 잠자고 있는 크루를 더 많이 깨워서 그린티의 값어치를 높여야 하겠습니다. 이제 곧 시장에 나오며 우리만 가질 그린티를 더 가치 있고 품격 높은 비화폐 경제의 '얼리 어탭터(Early adapter)'로 자리매김해야 합니다.

✿ 행복한 이는 어떤 문제에도 해결책이 있다고 생각합니다.

어려운 문제라 할지라도 차분히 다가갑니다.

한 계단씩 접근하다 보면 결국은 목표에 닿을 것이라 믿습니다.

지금 우리에게도 해결해야 할 과제가 많이 있습니다.

그렇지만 우리는 서로를 신뢰하며 차분히 해결책을 찾고자 애씁니다.

믿음은 우리에게 특별한 힘을 줍니다. 그리고 우리가 세상을 바꿀 Kn541 플랫폼의 탄생을 위해 전국의 아지트에서 모든 멤버가 애쓰는 만큼 Club 2000도 곧 이루리라 믿습니다.

야전군 사령관과 긴밀히 소통하는 채널도 가동하여 필드의 의견을 실시간으로 청취하면서 시스템을 무결점 완전체로 개발하도록 응원해야 합니다.

✿ 즐거운 삶이 진정 행복한 삶입니다.

생활 속의 밝은 부분을 먼저 떠올리면 그것이 즐거운 삶입니다.

행복의 출발은 언제나 감사하는 마음에서 시작합니다.

우리에게 준비된 완성자로서 특별한 소비자 주권 시대를 맞이하게 해준 설계자. 그의 미래를 내다보는 혜안에 늘 감사드리며 우리가 해야 할 Club 2000을 완성하는 일에 소홀하지 말고 해내야 하겠습니다.

"행복하여라! 뷰자데를 알고 법고창신(法古創新)의 자세로 옛것을 완전히 새로운 것으로 잉태시키는 Kn541 플랫폼을 만난 사람들!"

⚙ 행복해지는 건 언제라도 늦지 않습니다.

시간이 많은 것을 해결합니다.

시간에 시간을 주십시오.

준비는 필요한 것보다 늘 많이 하고, 실전에선 흐름을 따르십시오.

이제 우리는 실전을 위해 준비합니다.

크루 회원 가입은 그린티 가치를 높이는 중요한 단계입니다.

매장은 고객 수, 유튜브는 구독자 수라고 하지요.

우리 플랫폼은 활동 회원 수가 많을수록 가치가 높아지는 것이 아주 당연합니다. Club 2000을 준비하는 기간에 더 많은 회원을 확보하는 것은 우리 자신의 존재 의미를 확인하면서 그린티 가치를 높이는 중요한 역사입니다.

준비를 위한 시간에 시간을 주십시오.

설계자의 고심에 잠시라도 멈추어 손을 들어 격려와 찬사를 보내시기를 바랍니다.

⚙ 행복과 기쁨은 손안에 있을 땐 늘 작아 보입니다.

떠나고 나면 얼마나 크고 소중했는지 압니다.

그러므로 완벽한 사람은 없습니다.

부족함을 아는 사람과 모르는 사람이 있을 뿐입니다.

행복을 원한다면 가능한 모든 것을 좋게 바라보십시오.

어두운 눈으로 바라보면 행복은 언제라도 빛을 잃습니다.

우리가 얼마나 Kn541을 이해하고 깊이 있게 알고 있는지 스스로 질문하십시오.

작고 넘치도록, 반드시 이기는 게임으로 설계한 플랫폼의 진정성을 알고 계십니까? 지금 Club 2000의 특별한 여정의 한가운데에서 동사 가치를 통하여 오늘의 빵을 해결하기 위해 각 지역에서 애쓰고 계신 모든 분에게 감사드립니다.

제3장

경제 중심의 시대, 소비가 곧 수익이 되다

오늘날의 위기는 자본주의의 위기나 사회주의의 위기의 문제가 아니다. 에너지, 식량, 인구, 자본, 원자재, 실업 등도 중요한 문제가 아니다. 지금 우리들이 직면하고 있는 것은 시장의 역할이 미래의 문명 속에서 어떻게 변화하는지, 그리고 우리들의 생활은 어떻게 변화하는지가 문제인 것이다. ……산업 문명을 받쳐주고 있던 세계관의 모든 것, 즉 산업적 현실상 그 자체가 혁명적 변화를 겪고 있는 것이다.

· 앨빈 토플러(Alvin Toffler) ·

프로슈머의 발전과
Kn541을 만드는 크리슈머

정차조

프로슈머(Prosumer)는 '생산자'란 뜻의 '프로듀서(Producer)'와 '소비자' 란 뜻의 '컨슈머(Consumer)'를 합성해 만든 단어다. 요즘 문화계, 특히 IT 를 기반으로 하는 미디어에서 점점 더 많이 쓰는 중이다. 처음 만든 사람은 미국 미래학자 앨빈 토플러다. 그는 1980년에 출간한 자신의 책 《제3의 물결(The Third Wave)》에서 이 신조어를 처음 사용했다.

⚙ 프로슈머는 어떻게 발전했는가?

프로슈머는 정보통신기술(IT) 발전, 사회 규범 변화, 인구 통계학적 경향 등 여러 요인을 통해 발전했다. 특히 인터넷과 모바일 기기의 등장으로 온라인에서 콘텐츠를 만들고 공유하는 것이 더 쉬워졌다. 페이스북과 인스타그램과 같은 소셜 미디어 플랫폼은 사용자 사이를 쉽게 연결하고 창작물을 공유하는 도구로써 '프로슈머주의'의 성장을 촉진했다.

'프로슈머주의'는 책, 음악, 영화와 같은 전통적인 형태의 미디어에만 국한하지 않는다. 오늘날 옷, 가구, 또는 음식을 만들거나 자동차와 집을 맞춤 제작하고, 디자인이나 프로그래밍과 같은 전문 서비스를 제공하는 사람을 포함하여 다양한 분야에서 프로슈밍이 일고 있다.

이처럼 소비자이면서 생산자 역할에도 관여하는 사람이 바로 '토플러식(式) 프로슈머'다. 실제로 이런 형태의 프로슈머는 20세기 후반 온라인 커뮤니케이션 기술이 충분히 발달해 사회적으로 정착했다. 특히 모바일 기기로 대부분의 사람이 연결(Connect)되면서 본격적으로 세력을 형성하기 시작했다. 소비자이면서 생산 영역에서도 활동하는 프로슈머는 크게 두 가지 방식으로 역할을 이행했다. 하나는 소비자인 대중에 대한 영향력이 충분히 커져 프로슈머가 되는 방법이고, 다른 하나는 생산업체에 직접 도움 줄 수 있는 노하우를 갖추고 생산업체가 이용하도록 이끄는 프로슈머로서 역할 하는 것이다.

⚙ 프로슈머에 의해 소비자 중심으로 변하는 경제구조

산업혁명 이후 현재까지도 소비자는 단순히 기업의 이윤을 보장하는 도구로만 기능했다. 대량의 생산과 소비를 대체할 시스템은 존재하지 않았다. 이러한 경제 시스템은 부의 편중이라는 문세를 지속직으로 일으켜왔다. 그러나 정보통신기술이 발전한 현재의 소비자는 자신뿐 아니라 주변 사람의 경험과 정보를 총동원하여 가격이나 AS 등을 비교하면서 단 한 푼이라도 효율적으로 쓰려고 한다. 더 많은 정보와 경험의 동원은 점점 더 쉬워진다.

소비자의 트렌드가 이렇게 바뀌면서 생산자 역시 그 속도를 따라잡기 위한 노력을 아니 할 수 없게 되었다. 말하자면 '공진화(共進化□ Coevolution)'하는 것이다. 생산자는 다양한 정보를 손쉽게 이용하고 주변 많은 이와 나누는 소비자 트렌드를 기반으로 우리도 모르는 사이에 시장을 변화시키고 있던 것이다.

필자는 "생산 소비자인 프로슈머는 우리가 사는 환경을 형성하는 경제 체계를 바꿀 책임자다."라고 정의한다.

⚙ 프로슈머가 경제 시스템에 미치는 영향

"미래엔 생산과 소비 간 경계가 허물어져 소비자가 생산과정에 적극 참여하게 될 것"을 예견했던 앨빈 토플러는 프로슈머가 경제에 미칠 영향을 다음과 같이 설명했다.

자가 서비스 활동을 통해 무보수 노동을 수행함 / 화폐 경제에서 컴퓨터 등 '자본재'를 구입함 / 자신의 도구와 자본을 화폐경제 사용자에게 대여해 생산성을 향상시킴 / 주택 가치 향상 등을 통해 국가 화폐경제 가치를 상승시킴 / 개인적으로 개발한 생산품이나 서비스, 기술을 '시장화'함 / 금융 서비스와 같은 기존의 생산품이나 서비스를 '탈 시장화'함 / 의료 봉사 등 다양한 공공 활동을 통해 사회적 부가가치를 창출함 / 이윤을 추구하는 회사에 유용한 무료 정보를 제공함 / 구매 정보 공유 등을 통해 화폐경제의 소비자 힘을 강화 / 새로운 기술과 아이디어를 창안함으로써 혁신 가속 / 빠르게 지식을 창출하고 그것을 배포하여 지식기반 경제에서 사용할 수 있도록 사이버 공간에 저장함으로써 지식 경제를 발전시키는 데 이바지함 / 자가 설명서 등을 통해 청소년 양육과 노동력 재생산에 힘씀

⚙ Kn541과 프로슈머 혹은 크리슈머

최근 프로슈머는 '생산 과정에 영향을 주는 소비자'에서 한 걸음 더 나아가 '소비자인 동시에 생산자'라는 의미로 사용하고 있다. 이런 의미에서 '크리슈머(Cresumer)'란 신조어로 표현하는데, '창조하다(Create)'와

'소비자(Consumer)'를 뜻하는 영단어의 합성어다. 풀어 설명하면 '창조하는 소비자'란 뜻이다.

크리슈머는 상품 자체를 만들거나 상품이나 서비스의 가치를 형성하는 데 이바지한다. 개인의 적정 수익이 발생하도록 설계하면서 공정 경제의 기치 아래 상품과 서비스를 이용하는 모든 사람과 이익을 나눈다는 점에서 기존 생산자(기업)와 그 성격이 다르다고 할 수 있다.

급속히 발전하는 IT 환경에서 다양한 시도가 이런 트렌드의 형성을 돕고 있다. 미국에 베이스를 둔 '킥스타터(Kickstarter)'나 우리나라의 와디즈 같은 크라우드 펀딩 사이트, 그리고 상품과 서비스를 소비자의 니즈에 맞추는 Kn541 Shop이 대표적 사례다. 특징은 나의 아이디어나 상품을 생산 전에 소비자와 공유함으로써 일정 부분 상품의 수준을 올릴 수 있는 점이다. 기술과 아이디어 보유자는 일반 소비자를 대상으로 이를 프로젝트화해 생산에 필요한 자금을 모으는 것과 동시에 유통과 마케팅을 거치지 않고 직접 소비자에게 판매한다.

이것이 Kn541이 지향하는 '생소융합'이며 '사전 예약 구매'라는 프로젝트의 본질이라 할 수 있다. 이 프로젝트를 통해 생산자와 소비자 모두에게 직간접적으로 가치를 가져다 줄 수 있다.

4차 산업혁명 시대에 환생한
바보 온달의 프러포즈

정영준

- 자네도 오늘의 빵이 필요하시지?

- 그럼, 우리끼리 십시일반 작고 넘치게 해 보세.

- 우리끼리 한다고 되겠나?

- 할 수 있는 것으로 하면 되네.

- 바로 '소비' 말이네.

- 그건 할 수 있지!

- 나는 자네를 '디렉터(Director)'라고 부르겠네.

- 자네는 나를 평강공주가 사랑한 바보 온달로 보시게.

- 이기는 게임을 해 보이겠네.

- 뭐로 말인가?

- 주식회사 자본주의 시장에서 배당으로 말이네.

- 이거면 되겠는가?

- 끝판이구먼!

Kn541은 여러분의 꿈과 희망을 위한 '비전과 전략'을 갖고 있습니다. Kn541을 설계한 정차조 회장님은 말씀하십니다.

검토해 보시라고, 그리고 선택했으면 책임감 있게 행동해 주시라고. Kn541은 우리를 손님이 아닌 주인으로 모시고 지켜드리겠다고 하면서 본인을 온달장군으로 만들어 달라고 하십니다.

회원 4만 명, 즉 Club 2000까지만 노력해달라 하십니다.

이기는 게임을 하시겠다고 해서 갖고 있는 무기를 여쭈어보면?

늘 3가지로 말씀하십니다.

첫째, 오늘의 빵입니다.

둘째, 작고 넘치게 우리와 함께하겠답니다.

셋째, 배당 100%를 통해 소비자 주권을 완전히 보장해 주겠다고 하면서 우리가 안 해도 그 누군가 반드시 할 일이 아니냐며 반문합니다.

설계자 정 회장님의 이기는 게임을 생각하면 일본 에도 막부시대의 초대 정이대장군 도쿠가와 이에야스가 전장에서 이들 이에나리에게 전쟁에 관해 정의한 일화가 떠오릅니다.

도쿠가와 이에야스는 조선을 침략한 도요토미 정권을 멸망시켜 천하인이 되고 에도 막부를 세운 인물입니다.

아버지 도쿠가와 이에야스는 부하들이 느끼기에 태산 같은 전법으로 전쟁을 승리로 이끌어 일본 천하를 통일했습니다.

그가 한번 자리를 잡으면 부하들은 한 발짝도 물러설 수 없었습니다. 죽기 살기로 그 자리를 지켜내 전쟁을 승리로 이끌었습니다.

아들 이에나리에게 묻습니다.

"너는 전쟁이 무어라 생각하느냐?"

“싸워서 이기는 것으로 생각합니다.”

이에, 아버지 이에야스가 단호하게 가르칩니다.

“전쟁이란, 우리가 이겼다는 것을 증명하는 것이다.”

❖ **우리의 능력은 《소비》**

❖ **설계자의 무기는 《배당》**

온라인·물류·금융결제 시스템을 통해 실물경제에서 금융 경제로, 화폐 경제에서 비화폐 경제로, 프로슈머 경제에서 프로슈밍 사회로 달라지는 모습을 감지해야 한다.

시대적 순풍까지 확인한 설계자의 Intime 통찰력 때문에 Kn541은 '데자뷰(Déjà vu)'가 아니라 '뷰자데(Vujà dé)'인 것입니다.

오늘도 이기는 게임에 선봉장이 됩시다!

Kn541 클럽2,000 멤버란?

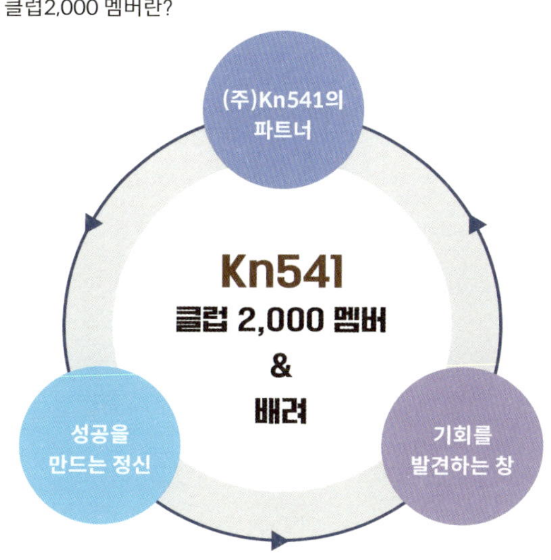

조희철

역사학자 토인비(Arnold Joseph Toynbee)는 말했습니다. "수용의 문화는 살아남았지만, 부정의 문화는 사라졌다."

개인도 마찬가지입니다.

받아들이고 수용할 때 깨달음을 만납니다.

주변에 우리를 비난하는 사람이 가끔 침투해 있습니다.

모든 변혁은 내부의 적으로 인해 갈 길이 더디어집니다.

믿음을 가지고 감사하며 우리의 길을 걷는 사람이 아름답습니다.

설계자의 말과 행동엔 고뇌에 찬 삶의 향기가 묻어 있습니다.

비난하는 말이 입을 떠나는 순간 책임이란 저울추가 붙는다고 했습니다.

누구도 Kn541 플랫폼을 탓할 수는 없습니다. 다만 자신의 능력을 탓할 뿐입니다.

Club 2000의 위대한 여정에 함께 하며 그 특별한 미래의 가치를 상상해 보시기 바랍니다.

행복을 찾는
가장 쉬운 방법

조성호

누구나 행복을 추구할 권리가 있습니다. 행복에는 두 가지가 있습니다.

상대적 행복: 돈, 명예, 권력, 사랑과 같은 외부에서 찾는 행복

절대적 행복: 내 안에서 찾는 변하지 않는 행복

외부에서 찾는 행복은 처음에는 만족감을 주지만, 내 안에 힘이 없으면 금방 사라지고 오히려 불행의 원인이 될 수도 있습니다.

반면, 절대적 행복은 내 안의 가장 귀중한 것, '생명'을 깨닫는 것에서 시작합니다.

생명은 누구에게나 있으나 아무나 알지 못합니다.

생명에 이런저런 생각과 감정을 덧씌워서 알지 못합니다.

생명을 아는 사람은 흔들리지 않는 행복을 누립니다.

생명을 모른 채 밖에서 행복을 찾으려는 것은 나뭇가지 위에서 물고기를 구하는 것과 같습니다.

🌱 생명을 깨닫는 가장 쉽고 간편한 방법은 '느끼기'입니다.

생각이나 감정을 내려놓고, 이 순간의 느낌에 집중해 보세요.
느낌의 끝자락에서 생명이 오롯이 드러납니다.

오늘부터 잠시라도 생각을 내려놓고 '느끼기'를 연습해 보세요.
앞으로 더 깊이 느낄 방법을 공유해 드리겠습니다.

가장 귀중한 존재가 드러날 때까지…. 🌿✨

조상현

로버트 W. 와이스버그의 책 《창의성(Creativity)》 에서

로버트 W. 와이스버그(Robert W. Weisberg)의 책 《창의성(Creativity)》에서 창의성은 '인류 문화에 이바지하는 것'이어야 하고, "평범(平凡)한 사고(思考)의 비범(非凡)한 결과"라고 결론짓습니다.

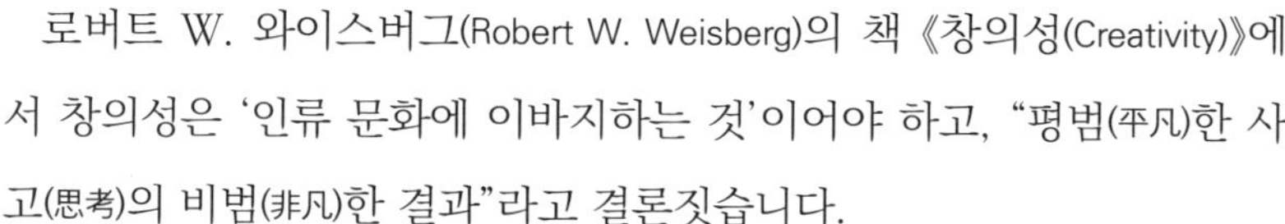

창의성은 '비범한 사고의 비범한 결과'가 아니라 지극히 '평범한 사고가 만들어 낸 비범한 결과'란 것입니다. 평범한 사고가 오랜 세월의 점진적 단련을 통해 만들어낸 결과가 비범하니까, 많은 사람이 결과만 보고 '창의성은 비범한 사람이 비범한 사고를 하여 만들어 낸 것'인 양 신비주의로 몰고 가는 경우가 허다하다는 것입니다.

Kn541 생소한 이론은 지극히 평범한 사고에서 출발한 것입니다.

소비자는 인류 역사에서 항상 있었고 누구나 소비자입니다.

그 소비를 기반으로 교역과 생산이 발생했다는 것 또한 지극히 평범한 사실입니다.

'지구사랑 운동'을 하면서 환경 단체의 운영을 위한 경비 마련이 너무

힘드니까, 전 인류가 사용하는 지구는 전 인류가 소비를 통해 오염시키는데, 소비를 통해 지구환경 개선에 동참할 수 있는 플랫폼을 만들면, 지구사랑 운동의 경비도 자급자족 되고 소비자인 전 인류가 환경운동에 동참할 수 있겠다는 수없이 많은 경험과 고민의 세월이 만들어낸 놀라운 결과가 Kn541 생소한 이론입니다.

즉 소비는 예전부터 앞으로도 있을 것이고, 그 소비자는 경제활동의 주체이면서 그 소비자가 힘을 모을 수 있는 플랜폼을 만들면 소비자는 준비된 완성자가 될 수 있다는 아주 평범한 생각이 오랜 세월 경제활동과 환경운동 실천의 결과로 생소융합 플랫폼이 탄생하게 된 것입니다.

중요한 것은 이 생소(生消)한 이론이 앞으로 인류문명에 지대한 기여를 할 것이기 때문에 저는 감히 이것을 로버트 W. 와이스버그가 말한 창의성이라고 주장합니다.

결코 비범하거나 특별한 것이 아닌, 소비자가 모든 경제활동과 생산의 주체가 된다는 것은 모든 소비자에게 엄청난 결과로 다가올 것이고, 그 소비로 지구사랑 운동을 지속한다면, 소비로 환경을 지키는 대 역설이 시작되는 것입니다.

우리는 지금 평범한 이론에 동참하는 평범한 사람이지만, 훗날 우리가 이루어 낼 결과를 보고 많은 이는 우리를 대단한 사람이라고 평가할 수 있습니다.

평가보다 중요한 것은 지금 우리가 그 역사를 만들어 가고 있다는 것입니다.

나는 단지 소비자일 뿐인 지극히 평범한 사람인데, Kn541에 최초기여자로 동참하는 것만으로 모든 소비자의 구세주가 될 수 있다는 점이 너무 놀랍고, 감사하며 가슴이 벅차오릅니다.

나도 드디어 인류 문화에 기여하는 가치 있는 사람이 되는 것입니다.
우리 모두 자신의 선택을 칭찬합시다.
그리고 자부심을 느끼고 전파합시다.

놀라운 창의성은 평범한 사고의 비범한 결과입니다.

차별적 콘셉트에 따른 전개 방법

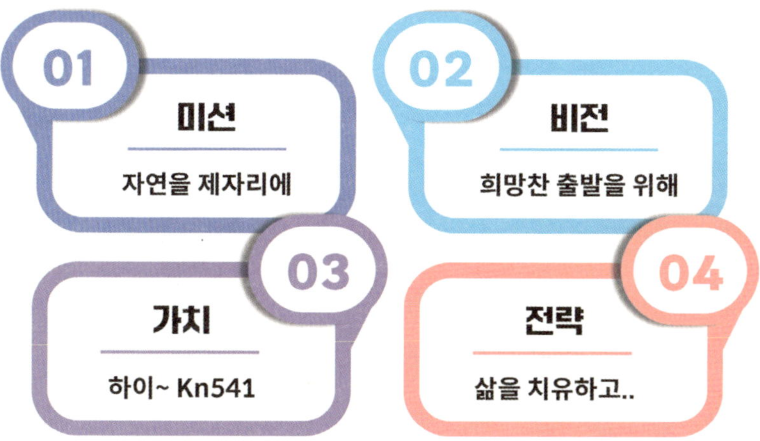

제4차 산업혁명이
시작된다.

이용근

제4차 산업혁명의 시작

인공지능과 로봇에 의한 일자리 잠식!
인류 정신문화의 수준을 높이기 위한 드림소사이어티의 시작!

이러한 트렌드에 맞추어
사전 예약 구매제를 도입함으로써
맞춤형 서비스를 제공하고
소비자가 주인인 꿈의 사회가 도래하고 있다.

드디어 2024년 소비자가 주인이 되는 Kn541이 출범하였고,
2025년 을사년에 그 싹을 틔우고 성장하는 중이다.

　제4차 산업혁명은 독일 남부에 있는 작은 마을 암베르크(Amberg)에서
시작했다.

1989년 이 작은 마을에 제3차 산업혁명의 전성기를 상징하는 지멘스(Siemens)의 공장이 세워졌다.

혁명의 주역인 기계와 제조 라인에 투입할 컴퓨터를 만들기 위해 1,000명의 근로자를 고용하여 독일의 강력한 제조업을 지탱했다.

2011년, '제4차 산업혁명(Industry 4.0)'이라는 슬로건을 걸고 사물인터넷(Internet of Things, IoT)을 중심으로 로봇이나 3D 프린터 등을 통해 대량생산과 다름없는 낮은 비용으로 '대량 맞춤형 공장'을 실현했다.

제4차 산업혁명은 제조업과 정보통신이 융합하는 단계로, 2010년 독일에서 발표한 'High-tech Strategy 2020'의 10대 프로젝트 중 하나였다.

구매자는 제조사가 만든 디자인이나 기능이 담긴 제품을 구매했던 시대로부터 해방됐다. 자동차조차 딜러가 추천하는 카탈로그에서 고르는 것이 아니라 제조 직전까지 스마트폰 앱을 통해서 엔진의 종류나 색상 등을 변경할 수 있어 구매자가 직접 디자인하고 필요한 기능을 추가한 제품을 구매하는 생산 소비자가 주인인 꿈의 사회를 맞이했다.

독일 지멘스는 25년 후인 2015년에도 여전히 1,000여 명 이상의 근로자를 고용하고 있지만, 생산 대수는 8배인 연 1,200만 대에 부품 수는 5배인 1,000종류 이상으로 늘었다.

암베르크의 지멘스 공장은 센서를 갖춘 설비가 IoT를 통해 서로 연결하여 어떤 종류의 제품이 어디에 있는지를 실시간으로 관리하고 제어할 수 있도록 하는 생각하는 '스마트 공장'이다.

이렇게 독일의 작은 마을에서 시작한 제4차 산업혁명은 2016년 스위스에서 열린 다보스포럼(세계경제포럼, World Economic Forum, WEF)의 주제로 선정되면서 전 세계의 화두로 이어졌다.

클라우스 슈밥(Klaus Schwab)이 의장인 다보스포럼은 세계 각국의 저명한 기업인·경제학자·저널리스트·정치인이 모여 세계 경제를 주제로 토론하고 연구하는 국제 민간 회의체이다.

제1차 산업혁명은 '기계혁명'이라고 불리며, 증기기관의 등장으로 가내 수공업 중심의 생산 체제가 공장 생산 체제로 변화를 만들었다.
제2차 산업혁명은 '에너지 혁명'으로 불리며, 전기 동력의 등장으로 대량 생산 체제가 가능해졌다.
제3차 산업혁명은 '디지털 혁명'이라 불리며, 컴퓨터 및 정보통신의 등장으로 아날로그 환경을 디지털로 변환하여 O2O(Off-line to On-line) 사회를 만들었다.

제4차 산업혁명의 특징은 '초연결성'과 '초지능화'로 "모든 것이 상호 연결되고, 보다 지능화된 사회로 변화"될 것이다.

초연결된 초지능 사회는 사물인터넷(IoT)과 인공지능을 기반으로 사이버 세계와 물리적 세계가 하나의 통합시스템을 구성하는 CPS(Cyber-Physical System)로 플랫폼을 구축할 것이다.

2030년까지 플랫폼 가입자가 30억 명에 이를 것이고, 500억 개의 디바이스들이 서로 연결되어 초연결사회로 진입할 것으로 예견된다. 여기저기 떨어져 있던 것들이 사물인터넷으로 하나하나 연결되고 서로 대화를 통해 사람들이 원하는 것을 적시에 제공하는 하드웨어와 소프트웨어 시대를 거쳐, 인간 맞춤형 서비스를 제공하는 휴먼웨어 시대로 진화하는 것이다.

휴먼웨어 시대가 바로 4차 산업혁명 이후의 새로운 시대로
'소비자가 주인이 되는 꿈의 사회'이다.

꿈의 사회를 위해 Kn541 플랫폼이 탄생한 것이다.

2000년에 직원이 주인인 하나투어 시스템을 만났고, 2024년에 소비자가 주인인 Kn541 플랫폼을 만난 것이 먼 훗날 지구를 떠날 날이 되었을 때, 나의 인생과 세상을 바꾼 역사로 남기를 기원해본다.

우리가 이해할 수 있는 것은 단지 지나간 삶뿐이다.
아직 오지 않은 미래의 삶을 이해하려 들지 말고,
그냥 부딪치고 경험하면서 배워가면 된다.

노동으로 얼룩진 모습으로 살아왔던 어제의 삶을 버리고
Kn541 플랫폼을 통해
'어서 와 신나게 노는' 새로운 삶을 창조하자.

> 조희철 고문님께서 특강 중에
> 말씀하신 Missionary,
> Mercenary의 차이점이
> 매우 신선했습니다.
>
> **허남식**

조희철 고문님께서 특강 중에 말씀하신 Missionary, Mercenary의 차이점이 매우 신선했습니다. 그 차이점이 무엇일까를 생각해 보았습니다. 학습 차원에서 공유합니다.

개요

Missionary와 Mercenary는 비즈니스, 리더십, 또는 조직의 가치와 태도를 설명할 때 자주 사용하는 개념입니다. 두 개념의 주요 차이점을 다음과 같이 정리할 수 있습니다.

⚙ 1. 기본 동기(Purpose)

Missionary(선교사): 자기 일이나 목표를 사명감과 가치에 기반하여 수행합니다.

세상을 더 나은 곳으로 만들거나, 조직의 비전과 미션에 공감하여 일

합니다.

금전적 보상이 주요 목표가 아닙니다.

Mercenary(용병): 자신의 이익과 보상을 최우선으로 합니다.

금전적 보상, 개인적 성공, 그리고 권력 추구가 주요 동기입니다.

결과에 따라 보상이 크면 어디든지 옮겨갈 수 있습니다.

⚙ 2. 조직에 대한 태도

Missionary: 조직과 일의 장기적인 성공에 관심이 많습니다.

팀워크, 공감, 그리고 신뢰를 중시하며 가치를 공유합니다.

실패를 두려워하지 않고 지속 가능한 성공을 추구합니다.

Mercenary: 조직을 자신의 목적을 달성하기 위한 도구로 봅니다.

단기적인 성과와 빠른 보상을 우선하며 가치를 공유하지 않을 수 있습니다.

개인의 성공을 위해 팀워크나 윤리를 희생할 가능성이 있습니다.

⚙ 3. 리더십 스타일

Missionary: 비전과 가치로 팀을 이끌며 영감을 줍니다.

팀의 발전과 조직의 사명을 위해 헌신합니다.

협력적이고 지속 가능한 성장을 중요하게 생각합니다.

Mercenary: 목표 달성을 위해 냉철하고 계산적인 접근법을 사용합니다.

조직의 미션보다는 성과와 이익에 초점을 맞춥니다.

효율성과 경쟁을 강조하며 관계보다는 결과를 중요시합니다.

⚙ 4. 성과의 본질

Missionary: 성과를 의미 있고 가치 있는 변화로 정의합니다.
단기 성과보다는 장기적 영향에 관심을 둡니다.

Mercenary: 성과를 숫자와 실적으로 정의합니다.
측정할 수 있는 결과와 빠른 성과를 선호합니다.

⚙ 5. 예시

Missionary: 사회적 기업의 창업자, 비영리 단체 리더, 혁신적인 비전으로 회사를 이끄는 리더(예: 테슬라의 일론 머스크 초기 단계).

Mercenary: 투자가 중심의 기업 경영자, 단기적으로 기업을 키운 후 매각하는 스타트업 창업자, 순수한 금전적 보상만을 추구하는 리더.

⚙ 6. 결론

Missionary는 의미와 사명감을 통해 지속 가능한 가치를 창출하고, Mercenary는 효율성과 보상을 통해 단기적 성공을 추구합니다. 조직과 개인의 목표에 따라 두 가지 태도를 조화롭게 활용할 수 있습니다.

정영준

Club 2000 출발 첫날
디렉터 정영준의 아침 단상

못생긴 나무가 산을 지켰습니다.

결국 우리가 해냈습니다.

아직도 계열사를 챙기는 많은 분에게도 수고하셨다는 말씀을 드립니다.

준비된 완성자, '동사 가치'라는 신박한 단어에 이끌려 저는 3월 21일에 정회원으로 출발했습니다.

정차조 회장님은 24년 1월 10일에 시작해 올해 11월 12일 디렉터를 마감하여 10달 이틀 만에 1차 목표를 달성하셨습니다.

통제 불가능한 이기는 게임입니다.

"허 참! 이게 안 통한다고~?"

어처구니없는 표정으로 겸연쩍어하시며 허탈한 웃음을 보이셨던 회장님을 기억합니다.

행여나 부정적 의미의 다단계 방식이 아닐까 싶어 조심스러워하는 저와, 처한 현실이 너무 힘든 정은숙, 조한섭 대표님, 그리고 회장님이 느끼는 현실은 허탈함이었을 것입니다.

다단계 시장에 참여하는 사람을 야박하게 평가하는 저였지만, 회장님의 설계도가 아주 정직하고 사실에 기반한 사업계획서여서 고민할 수밖에 없었습니다.

사람 꼬시는 부분이라고는 하나도 없는데 과연 이걸 하루 살기가 조급한 사람이 알아볼 수 있을까 의심스러웠죠. 그러나 그 의심을 푸는 일은 제가 하면 되는 일이었습니다. 그렇게 저는 Kn541 디렉터가 되었고 늘 제 이야기로 Kn541 플랫폼을 설명합니다.

회원 추천이라는 것이 버겁고 부담스러워서 망설였습니다만, 정은숙, 조한섭 사장님이 양적 노력을 하시는 것을 보고 '질적 성장을 위한 노력만 감당하면 되겠지.' 하는 생각으로 한 발 한 발 담그다 보니 지금에 이르렀습니다.

돌아보니 정말 실력은 아니었던 것 같습니다.
측은지심이라 해야 할까 싶기도 합니다.
옳은 일을 보고 모르는 체하기 힘들었고, 거대 플랫폼에 갇힌 제 사업의 현실 타개책을 541 플랫폼에서 찾을 수 있을 것 같았습니다.

지난 토요일, 회장님 강의에서 Club 2000의 위대한 여정은 이미 시작되었습니다.

지금 우리에게 필요한 점은 무엇일지 다시 생각해 봅니다.

부채 의식 같습니다.

인천 길병원으로 시작해 가천대학을 설립하신 이길여 총장님의 부채 의식에 관한 이야기는, 저에게 감사가 무엇인지를 한방에 깨닫게 해 주었습니다.

6·25 한국전쟁 당시 미국 유학생이던 총장님은, 남학생들이 고국의 전쟁터로 향하는 걸 보면서 미국 땅에 남겨진 자신은 다짐했다고 합니다. 고국의 발전에 이바지하는 사람이 되겠다고 말이죠. 그때 그분은 남학생들로부터 '부채 의식'을 느꼈다고 합니다.

541플랫폼 사업에서 필요한 것은 연대 의식입니다.

이 연대 의식의 대전제가 바로 주체 의식과 부채 의식 아니겠습니까?

541 플랫폼이 먼저 자신에게 유익해야 합니다.

내가 없으면 세상도 없으니 너무나 당연한 논리 아니겠습니까?

자신의 유익이 선명하면 반드시 자연스럽게 주변 동료가 소중해지는 경험이 있을 것입니다. 그게 바로 부채 의식이라고 생각합니다.

저도 참 애써 보지만 '감사한 마음 갖기'가 진짜 어려운 인생 과제입니다. 범사에 감사하기가 습관적으로 이성에 막히고 맙니다. 헛똑똑이죠.

회장님 강의 중에 미래는 교환적 관계가 아니라 전환적 관계가 필요하다고 하죠.

내 부족함이 열등감으로 나를 옥죄는 것이 아니라 일종의 부채 의식으로 자라나게 하는 일이야 말로 우리 모두에게 필요한 덕목이라고 Club 2000을 시작하면서 다짐해 보면 어떨까요?

나보다 더 회장님을 믿어 준 김진순 대표님을 생각해 보면 고마운 마음이 들면서 내가 지금 541 플랫폼 커뮤니티에서 해야 할 일은 무엇일까를 생각하게 되더라고요.

바로 이게 지금의 저를 만든 '동력'이더라고요.
여러분의 동력은 무엇입니까?

우리는 무슨 일을 하기도 전에 자신의 능력을 먼저 따져보는 경향이 있습니다. 그러나 자신의 '능력'보다는 '동력'을 먼저 찾으면 부담감이 줄어들고 좋을 것 같습니다.

541 디렉터 마감을 지켜보면서 든 생각이 바로 동력의 근원이 '감사'요 '부채 의식' 같아서 Club 2000 출발점에 서 있는 저 자신에게 하는 독백을 공유해 봅니다.

자본주의의 미래는 공존에 있습니다

조상현

새로운 책《지리로 다시 읽는 자본주의 세계사》이동민 저

세계 경제는 상업자본주의에서 산업자본주의로, 또 수정자본주의에서 신자유주의로 변신을 거듭해 온 자본주의의 행보와 외형상으로는 성장을 이어가지만, 다중 규모로 불평등을 확대 재생산하는 이 시스템이 결국은 세계 경제와 환경의 지속성을 위협하고 있음을 지적하고 있습니다.

저는 이 책을 읽으며 세계 경제를 보는 시각이 '인간과 자연의 공존에 대한 이해'로 바뀌지 않는 한 미래는 없다고 생각했습니다.

그래서 Kn541은 생소한 이론으로 세상을 보는 경제의 패러다임을 바꾸는 대변혁인 것입니다.

생산과 소비가 공생의 길을 찾을 때만이 인간과 자연의 공존을 실현할 수 있다고 확신합니다.

소외된 잉여 인간과 낭비되는 자연이 사전 예약 구매와 생소 융합을 통한 소비의 상품화로 비로소 해소되는 극적인 장면이 펼쳐질 것을 확신합니다.

지금 세계는 트럼프, 푸틴, 시진핑이라는 광적인 존재로 인해 파국의 길로 치닫는 중이며, 주변 약소국은 점점 자생의 동력을 상실하며 자본주의 출현 이후 처음으로 쇠락의 길로 접어들고 있고 탈출구는 보이지 않습니다.

국내 경제도 정치꾼의 과도한 좌우 이념 헤게모니(Hegemony)에 휘둘려 서민의 살길이 점점 막막한 현실입니다.
우리는 잘 먹고 잘 사는 정치와 경제를 원할 뿐입니다.
따라서 소비의 열쇠를 쥐고 있는 우리 소비자가 뭉쳐 생존권을 스스로 지켜내는 현명한 지혜가 필요합니다.
여기에는 좌우의 이념이 없습니다.
오직 자연과 인간의 공생과 공존이 있을 뿐입니다.

한 번 더 깊은 성찰을 통해 소비자인 우리가 주권을 회복하는 Kn541 이즘을 느껴 보시기 바랍니다.

저는 이번 주도 그 소명을 다할 것입니다.
각자 자기의 위치에서 동참해 주시는 여러분을 사랑합니다.

제4장

Kn541의 시대, 다시 내일을 이야기하다

변화는 미지에 대한 두려움을 떨쳐냈을 때 찾아온다. 성장하는 사고를 보여라. 소비자 중심으로 생각하라. 다양성과 포용성을 고려하라. 하나의 회사가 돼라. 문화를 바꾸는 열쇠는 개개인의 성장, 임파워(Empower)에 있다. 사람들이 변화에 저항하는 근본적인 이유는 미지에 대한 두려움 때문이다.

· 사티아 나델라(Satya Nadella) ·

소비자가 모여 새로운 가치를 만들다

정차조

'소비자'라는 말을 들으면 어떤 생각이 드는가? 아마도 상품과 서비스를 '사는' 사람을 생각할 것이다. 하지만 이런 단적인 의미만 있는 것은 아니다. 경제학에서 소비자는 '상품과 서비스를 그들의 요구와 욕구를 충족하기 위해 사용하는 사람'이다. 그들은 경제의 궁극적인 최종 사용자이다.

⚙ 소비 사회 진입에 따라 더욱 중요해지는 소비자 파워

과거의 소비는 스스로 생산한 것과 생산하지 못한 필요 품목을 단순하게 교환하는 물물교환 형태로 시작되었다. 산업화 이후, 경제 구조는 기업 중심의 대량생산·대량소비 형태로 자리 잡았다. 현재는 미국의 경제학자 로스토(Walt Whitman Rostow)가 표현한 것처럼 고도의 소비 사회라 할 수 있다. 고도 소비 단계에서는 산업 체제가 생산재 중심에서 소비재 생산 체계로 변화한다. 물질적 풍요로 일반 대중의 소득 증대와 소비생활 수준 향상으로 대중 소비가 사회 경제에 큰 비중을 차지한다. 고도의 소비 사회에서 소비자는 최소의 자원으로 최적의 만족과 효용을 이루는 소비를 지향한다. 이는 소비가 단순한 소유, 축적, 사용 등에서 기호나 상징적 가치를 나타내는 것으로 변화했다는 것을 의미한다.

이러한 관점에서 보면 소비는 개인적인 취향이나 선택으로 볼 수 있지만 트렌드를 포함한 사회문화 요소에 영향을 미친다. 즉 소비는 사회문화적인 행위이며, 광범위한 확산성을 가진다고 할 수 있다. 이러한 확산성과 영향력 측면에서 소비자는 사회문화를 주도하는 현재 경제구조의 가장 큰 동인이라 할 수 있다.

소비자가 가지고 있는 이러한 소비권이 사회·경제·문화를 변화하는 가장 큰 요인이라면 당연히 그에 걸맞은 성숙한 소비자 의식을 갖춰야 한다. 단순히 합리적인 소비를 위해 다양한 물품을 비교해 보면서 이 상품이 자신에게 꼭 필요한 것인가, 가성비가 좋은가를 따지는 것에 국한할 것이 아니다. 개인의 소비가 사회경제에 미칠 영향력을 한 번쯤 고려하는 자세가 필요하다.

소비자의 필요나 가치를 중심으로 가격, 효용, 만족도, 삶의 질 향상 등을 꼼꼼히 따져보는 모습이 필요하다는 섯이다. 이는 단순히 소비를 금전 측면으로만 보거나 과시하는 것과는 대비를 이룬다.

소비문화는 변화했으며, 아울러 소비의 주체인 소비자도 변했다. 따라서 좋은 기업과 시장, 나아가 바람직한 사회·경제·문화는 소비자의 선택에 의해 만들어진다. 이것이 소비자의 힘이라는 것을 기억해야 한다.

✿ 소비자 욕구와 필요에 기반한 공유 경제와 구독 경제

요즘 소비시장은 5G 등의 IT 기술을 통해 초고속과 초연결의 시장으로 무한히 확대되고 있다. 유형의 상품에서 무형의 서비스로, 국내에서 글로벌로, 오프라인에서 온라인으로 변화하며 다양한 상품과 서비스가 범람하고 있다. 이러한 정보통신 기술과 상품의 다양성은 소비자의 구매 형태뿐만 아니라 라이프 스타일을 바꿨다.

다양한 욕구와 다변화 사회에서는 일정 시간이나 특정 공간에서만 필요한 상품이나 서비스를 모두 구매하고 소유하는 것이 부담으로 작용한다. 이러한 소비자 입장을 고려하여 생긴 것이 '공유 경제'이다. 상품이나 서비스를 서로 빌리고 나눠 쓰는 공유 경제의 대표적인 서비스로는 따릉이, 쏘카(SOCAR), 에어비앤비(Airbnb), 우버(Uber) 등을 예시로 들 수 있다. 공유 경제의 등장으로 소비자는 상품 구매를 통해 자신의 것으로 만드는 소유 경제에서 공유 경제로 패러다임 전환을 맞이했다. 기업은 새로운 가치를 제공했고, 소비자는 새로운 경험을 누리고 있다.

최근 '넷플릭스', '멜론', '이모티콘 플러스', '뉴스레터' 등을 이용하는 소비자를 쉽게 찾아볼 수 있다. 이들의 공통점은 서비스나 재화를 소유하는 것도 타인과 공유하는 것도 아닌, 구독하는 구독 경제에 해당하는 것이다. 구독 경제란 일정 기간 비용을 지급하고 서비스 혹은 제품을 이용하는 형태의 경제를 뜻한다. 공유 경제가 차량 혹은 거주 공간처럼 비싼 값의 제품 비용을 분산하여 부담을 덜어주는 아이디어에서 출발했다면, 구독 경제는 소비자가 필요한 만큼만 쓰고 경험하는 효율성에서 시작했다. 구독 경제는 비교적 적은 비용으로 원하는 기간만큼 많은 경험을 가능하게 한다. 구독 경제에서 소비자는 본인이 쓴 만큼만 비용을 지급하고, 다양한 선택의 여지 중 본인의 취향에 맞는 경험을 구매할 수 있다.

신문이나 잡지 등을 읽는 것만 구독하는 시대는 지났다. 영화, 커피, 꽃 등 취향을 반영한 구독부터 자동차, 의류, 반찬 등 실생활에 필요한 제품군까지 정기적으로 받아볼 수 있는 '구독'은 다양한 분야로 뻗어가고 있다. 코로나19로 위기를 맞은 공유 경제와 달리 구독 경제가 확장하는 길로 나아가는 이유는 개인화 서비스를 강조했기 때문이다. 소비자의 성향이나 가치를 파악해 가장 만족감을 느낄 만한 제품이나 서비스를 제공한다. 소비자가 오랜 기간 구독하면 기업은 그동안 고객으로부터 수집한 데이터를 바탕으로 맞춤형 상품을 제공하는 것이다.

영상, 음악, 책 등 콘텐츠에서 나아가 일상 속 의식주에서도 클릭 한 번으로 다양한 제품과 서비스를 제공받을 수 있다. 도시락이나 반찬 등 식단을 구독하거나 당을 낮춘 식단, 샐러드 위주 식단 등 칼로리 균형을 원하는 사람을 위한 간편식 정기구독 서비스도 있다.

앞으로도 구독 경제는 계속 성장할 것으로 보인다. 이용자가 늘어감에 따라 앞으로 어떠한 영역에서 놀라운 구독 서비스가 새롭게 나타날지 기대가 된다.

❁ 소비자가 직접 만드는 Kn541 창조경제

오늘날, 점점 더 많은 소비자가 모여 자신만의 가치를 창조하기 시작했다. 기업의 일방적 홍보에 의존하는 대신, 현재의 소비자는 신념과 생활 방식에 맞는 상품과 서비스를 찾고 있다. 이러한 변화는 트렌드를 활용할 수 있는 기업이나 아이디어 보유자에게 새로운 기회를 창출해주고 있다. Kn541과 같은 플랫폼은 소비자를 서로 더 쉽게 연결하고, 좋아하는 제품에 관한 생각과 아이디어를 공유하도록 했다. 소비자는 더 이상 제품을 매장에서 보는 것으로만 소비 활동을 국한하지 않기 때문에 이것은 새로운 가치 창조로 이어졌다. 그들은 이제 제품을 사기 전에 다른 사람이 어떻게 생각하는지 알 수 있고, 이것은 종종 그들이 더 나은 선택을 하도록 이끈다.

온라인에서는 관심사를 공유하는 사람과 쉽게 연결된다. 이를 통해 새로운 가치를 창출하는 데 열정을 쏟는 소비자 커뮤니티가 생겨나기도 했다. 옷에 관한 가장 좋은 거래를 찾는 것이든, 돈을 절약하는 방법으로 팁을 공유하는 것이든 간에, 그들의 돈으로 항상 최대한의 이익을 얻을 수 있는 방법을 찾는다. 예전이라면 존재하지 않았을 새로운 가치를 창조하기도 하며, 자원을 모으고 아이디어를 공유함으로써 소비자 공동체는 특정 제품이나 서비스를 중심으로 정말 독특한 것을 만들 수 있다.

굳이 메타버스라는 용어를 쓰지 않더라도 Kn541 유니버스(Universe) 안에서는 소비자 개개인의 다양한 경험과 필요, 요구를 충분히 담아 새로운 가치를 창출할 수 있다. 단지 고려해야 할 점은, 이러한 활동을 경제 시스템으로 연결해야 의미가 있다. 자체적으로 통용되는 블록체인 그린티(GreenT)가 있고, 디지털로 필요한 무엇인가를 만드는 생산과 노동 활동이 가능하고, 디지털 형태의 아이템이나 재화를 교환하거나 플랫폼을 통해 사고팔 수 있는 시스템이 바로 Kn541 플랫폼이다.

플랫폼의 지속가능성을 만드는 가장 큰 동인은 참여자에게 돌아가는 일정 가치와 인센티브라 할 수 있다. Kn541에 참여하는 모든 소비자는 자신의 활동에 따라 또는 거래에 따라 일정하고 지속적인 수익을 할당받는다. 왜냐하면 설계와 관리 외의 콘텐츠와 모든 시스템의 구성 요소, 그리고 그로 인해 파생되는 가치는 참여자에게 속하는 것이기 때문이다.

Kn541 플랫폼을 하나의 경제 시스템으로 분류하는 데는 한계가 있다. 프로슈머를 표방하는 혁신 경제일 수도 있고, 생산하고 조직한 서비스를 함께 만들고 소비하는 공유 경제나 구독 경제로 표현할 수도 있다.

또한 제한된 환경과 공간 등에 제한받지 않고 다양한 소비자가 다양한
가치를 만들고 공유하며 판매하는 창조 경제로 표현될 수 있다.

왜냐하면 Kn541 플랫폼은 소비자 스스로 새로운 가치를 만드는 유
니버스로, 존재 방식과 진화의 방향은 소비자에게 달려있기 때문이다.

Kn541을 만나다

이용근

진정으로 직원이 주인인 회사를 위해서는 소비자와, 회사, 그리고 직원이 공동으로 주식을 소유하는 지배구조가 바람직하다며 생각하고, 필자는 미래에 소비자가 주인인 회사를 만들기로 마음을 먹었다. 여전히 소비자가 주인인 회사를 꿈꾸며 웹3.0 시대를 기다리며 살아가고 있다. 필자가 꿈꾸었던 기업은 소비자가 주식을 70% 소유하고, 회사 직원이 30%를 가지는 형태로 웹3.0 기반의 블록체인 플랫폼 기업이다. 한동안 소비자가 주인인 웹3.0 기반의 플랫폼 기업을 발견하지 못했는데, 드디어 2024년 말에 Kn541 플랫폼을 만났다. Kn541은 정차조 회장이 지구사랑 환경 운동을 위해 Kn541을 설계했다. 정차조 회장을 만나면서 1997년 하나투어 박상환 회장을 만났을 때의 느낌을 그대로 받았다.

2024년 12월 24일 정차조 회장을 만났던 날 페이스북(Facebook)에 올린 글은 다음과 같다.

1992년 대한항공 예약 시스템을 처음 보고서 내 운명을 바꾸었고,

1997년 두 번째로 하나투어 시스템을 만나고 내 운명을 바꾸었고, 2024년 Kn541 시스템을 만나고 내 운명과 세상을 바꿀 기회가 온 것 같네요.

직원이 주인인 하나투어 이후에 25년동안 소비자가 주인인 회사를 꿈꾸며 스마트의료웰니스관광 대학원을 창설하고, 현장에 나가 신박한 플랫폼을 만들려고 준비하고 있었는데, 드디어 KN541 정차조 회장님과 참모들을 만났네요.

먼 훗날 다시 오늘을 되돌아볼 때, KN541시스템이 내 운명과 학생들의 운명을 바꾸었다는 것을 회상하며 지구를 떠날 수 있기를 기원합니다.

정차조 회장의 명언

Kn541 플랫폼 생소한 이론을 통한 사회적 변화와 개인의 도약은 지금부터가 시작이다.

나는 이 도구가 모두에게 창의적이며 건강하고 윤택한 생활을 가능하게 해줄 것이라 굳게 믿는다.

이용근도 그렇다.

어떤 사람도 그럴 것이다.

하지만 Kn541 플랫폼 기업은 아직 웹2.0을 기반으로 한 기업이다. 이 기업이 웹3.0 기반으로 다시 태어날 때, 25년 동안 꿈꾸어 온 진정으로 '소비자가 주인인 기업'이 될 것으로 믿는다.

2000년에 '여행사 창업 성공 백과'를 저술하여 대학교 교재로 사용하면서 여행사 창업론을 강의했다. 2000년에는 많은 IT 기업이 여행업에 뛰어들었다. 당시 가장 대표적인 온라인 여행사는 '3W 투어(www.

worldtour.co.kr)'이다. 3W 투어는 무역업을 하다가 IT로 여행업에 뛰어든 청년으로서 장진우 사장이 만들었다. 이때 온라인을 통해 여행업에 뛰어든 많은 기업은 IT 버블과 함께 사라지고, 하나투어처럼 오프라인 기반에 온라인을 접목한 회사만이 현재까지 살아남았다. 그때 3W 투어의 도메인인 'www.worldtour.co.kr'은 현재 주식회사 투어 가이던스(Tour Guidance)가 사용하고 있다. IT 여행사에 많은 부침이 있었고, 현재는 외국 기업이 대세를 이루고 있다. 하나투어도 홈페이지형에서 플랫폼형으로 전환하지 못한 관계로 새로운 시대에 적응하지 못하는 중이다. 홈페이지형 기업에서 플랫폼 기업으로 새롭게 성장한 '야놀자'가 2030을 향한 여행업의 대부로 등장했다. 2020년 이후, 하나투어와 모두투어 시대에서 외국 IT 기업과 야놀자 시대로 바뀌었다. 하나투어의 미래는 불투명하다. 왜냐하면 웹2.0 시대에 맞는 플랫폼 기업으로 전환하지 못했기 때문이다.

조상현

앨빈 토플러는 《제3의 물결》에서 "전국적인 시장이나 경제가 세분화 되어 감에 따라 지역이라는 것이 커다란 힘을 갖게 된다. 그러나 새로운 지역은 가까운 곳끼리 이루어진다기 보다는 공통의 문화, 환경, 종교, 경제적 유사성에 의해 새로운 동맹 관계가 맺어지게 된다."라고 했습니다.

지난번 저는 'Kn541 회원은 배당을 나눠 갖는 피보다 진한 혈맹(血盟)'이라고 말했습니다.

앞으로 대한민국에는 Kn541 멤버로서 전자 오두막에 살면서 평생 안정적인 배당을 받는 사람과, Kn541에 합류하지 못하여 평생 노동과 소득의 굴레에서 벗어나지 못한 사람들로 나누어 질 것입니다.

이것은 지역의 문제가 아니고 공통의 문화, 환경, 그리고 경제적 유사성에 의한 새로운 동맹 관계를 말하는 것입니다.

또한, 그린티를 통한 탈(脫) 국경 경제 공동체 관계가 새로운 조직의 긴밀한 네트워크를 형성할 것입니다.

이것을 앨빈 토플러는 '프랙토피아(Practopia)의 세계'라고 부릅니다.

환상의 유토피아가 아니라, 긍정적이고 혁명이라고 말해도 좋을 만큼 현재의 사회와는 다른 질서와 가치관을 가진 사회인데, 실제로 실현할 수 있는 것입니다.

경쟁과 노동에 종속한 시간으로부터 자유를 갖게 된 'Kn541 이즘'의 사람들은, 모든 것을 시장화 함으로써 거기에 대부분의 정열을 쏟아붓는 문명이 아니라, 새로운 윤리적, 도덕적인 기준을 갖고 민주적이고 인간적인 것으로서 생물 환경 영역과 균형을 이루어 안락한 장소를 제공받는 삶을 살게 될 것입니다.

그 세계는 반드시 올 것입니다.

오늘의 빵 때문에 신발이 닳더라도 내일의 프랙토피아를 가슴에 새기며 어깨를 쫙 펴시기 바랍니다.

이제까지 경험하지 못했던 세계가 올 것이라는 '제3의 물결'의 예측은 우리의 헌신을 더해 피보다 진한 배당으로 이룰 것입니다.

내일의 세계에 살게 될 태아를 과거의 인습 속에 가두어 둘 수는 없습니다. 지금까지 정통이라고 아는 행동이나 마음가짐도 이제는 통용할 수 없습니다.

죽음보다 깊은 절망에서 희망이 피어오르고 있습니다.

절망은 단순히 죄일 뿐 아니라 도저히 시인할 수 없는 부당 행위인 것입니다. 이것이 '제3의 물결' 결론이자 Kn541의 시작입니다.

오늘 역삼에서 피보다 진한 배당의 형제를 만나길 기대합니다.

Chat GPT의
기후위기 대응방법에서
Kn541을 발견하다

유은희

  기후변화나 환경보존에 관한 캐치프레이즈(Catchphrase)와 기사가 각종 언론과 매체에서 적지 않게 지속하여 나오고 있다. "인간의 무분별한 환경 훼손으로 지구온난화와 기후변화를 초래하여 인간 생존을 위협하고 있다."라는 명제는 이제 초등학생조차도 상식으로 안다. 그에 따른 시민의 실천 방법은 각종 단체나 정부 기관 등에서 계속해 언급하며 촉구하기 때문에 이제는 식상할 정도이다. 하지만 식상할지언정 외면할 수 없는 현실이기에 또다시 반복적으로 거론하고 또다시 되뇌이고 다시 여러 사람들과 정보를 나누는 일을 멈출 수는 없다. 왜냐하면 시대의 숙제이자 숙명이기 때문이다. 나로서는 '그린플루언서 운동본부'라는 비영리 환경단체의 창립 회원이자 이사장으로 활동했던 경험이, 환경 보존에 관한 인식과 사명감을 멈추지 않게 하는 것으로 생각한다.

  최근 우연히 눈길을 끄는 기사 하나를 접했다. Chat GPT에 '개인이 기후 위기를 막을 방법 10가지는 무엇인가(출처: 뉴스펭귄)'를 물었다고 한다. 인공지능이 내놓은 답변은 아래와 같다.

1. 지속 가능한 이동 수단을 이용해 탄소 발자국을 줄이고, 일상에서 에너지 사용을 줄인다.
2. 친환경적 삶의 방식을 도입해라. 쓰레기를 줄이고, 재사용할 수 있는 제품을 쓰며 채소 위주의 식단으로 섭취하라.
3. 풍력과 태양 에너지 같은 재생 에너지를 지지하라.
4. 공동체의 계획에 참여하고, 기후 친화적 정책을 지지하라.
5. 물을 효율적으로 쓰고, 수원을 보호하는 노력을 지원하라.
6. 일회용 플라스틱과 지속 불가능한 제품에 의존하는 것을 줄여라.
7. 지속 가능하고, 환경에 대해 책임지는 기업에 투자하라.
8. 기후 위기의 중요성에 관한 인식을 높일 수 있게 다른 이에게 알려라.
9. 자연 서식지와 생태계를 보호하는 일을 도와라.
10. 기후변화에 대응하는 것을 우선시하는 정치인에게 투표하라.

Chat GPT가 내놓은 대부분의 대답은 그간 접했고 만들었던 환경 보존을 위한 개인의 실천 방법과 차이가 나거나 특별하다고 볼 수는 없다. 눈길을 끄는 것은 '지속 가능하고, 환경에 대해 책임지는 기업에 투자하라.'와 '기후변화에 대응하는 것을 우선시하는 정치인에게 투표하라.'라는 대답이다. 지금까지 사용해 왔던 검색 포털의 단순 정보와는 다른 점을 발견했기 때문이다. 일반 검색 포털을 이용해 같은 질문을 했다면 기업에의 투자나 정치인에게 투표하라는 대답을 듣기는 어려울 듯싶다. '줄이자.', '아끼자.'나 '보호하자.'의 차원을 넘어 인공지능이 더 먼 미래와 다가올 현실 속에서의 행동 방식을 권고하는 것에 놀라지 않을 수 없다. 투자와 투표는 분명 과거나 당면한 현실에 국한하는 것이 아니다. Chat GPT 서비스가 '머신 러닝 알고리즘을 이용해 질문의 맥락을 이해하고 다양한 정보를 종합, 정리해서 보여주는 인공지능'이라고 들었지만 이렇게까지 자세하고 사려 깊을 줄은 몰랐다.

특히나 '지속 가능하고, 환경을 책임지는 기업에 투자하라.'라는 대답은, 해석의 차이는 있겠지만 우리의 경제생활에 있어 더없이 건설적인 방향을 제시해 주는 챗(Chat)이 아닐까 싶다.

지속 가능성이란 어떤 과정이나 상태를 유지할 수 있는 능력을 의미한다. 맥락이나 시간에 따라 다양하게 해석할 수 있는 이 용어는 주로 환경, 경제, 사회의 관점에서 설명하며 적용하곤 한다. 주로 '지속 가능한 발전'이라는 용어로 쓰는데, 경제성장, 사회 안정과 통합, 환경 보전이 조화를 이루며 지속 가능성을 지향하는 발전을 의미한다.

이러한 사회적 요청과 트렌드에 발맞춘 'ESG 경영'을 낳은 기업이 차용하고 있다. 요점은 기업의 환경 보존 의식(Environmental)과 사회적 책임(Social), 그리고 투명한 지배구조(Governance)라는 지속 가능성을 기업 경영의 핵심 요소로 삼는 전략이다.

기업의 사회적 책임은 기업이 수익을 위한 생산 및 영업활동과 더불어 환경, 윤리와 노동자 권리 등 공익을 추구하며 그에 따라 의사를 결정하고 활동하는 것을 의미한다.

환경 보존을 위한 기업의 노력은, 생산 과정에서 유발하는 오염물질과 불필요한 에너지를 줄이는 친환경 방법, 폐기물을 재활용하고 환경 보존을 위한 시민 캠페인을 들 수 있다.

마지막으로 투명한 지배구조도 중요한데, 소비자에게 기업의 평판이 달려있기 때문이다. 기업의 신뢰도가 하락하면 그 기업의 상품이나 서비스를 소비자가 외면하고, 결국 시장에서 영영 사라질 수 있다. 이러한 문제를 해결하기 위해서 기업은 재무 상태와 경영 성과를 투명하게 운영하려고 노력을 진행하고 있으며 이러한 투명성은 기업의 신뢰도와 소비자 선호도를 상승시킬 수 있다.

ESG 경영과 지속 가능한 발전전략, 그리고 기후 위기 대응 방법을 위시한 이런 일련의 전략과 정책 등은 결국 더 나은 사회와 미래를 위한 것이다. 어쩌면 우리가 오늘을 충실히 살아가려는 노력을 멈추지 않는 것은 내일을 위한 투자가 아닐까?

지금 우리가 함께 힘을 모아 추진하고 있는 일련의 활동, 즉 '소비자 중심의 새로운 가치를 만드는 Kn541 사업'은 이러한 시대적 요청과 트렌드를 정확히 관통하고 있다는 생각이 든다.

Kn541을 설립한 설계자는 환경 운동 단체의 설립자이기도 하다. 지금까지 언제나 사업 수익의 일정 부분을 항상 환경 보존 기금으로 배정하고 있으며 환경 보존에 관한 시민의식을 늘 회원에게 강조한다. 또한 소비자 중심으로 생소 융합이라는 새로운 정책을 통해 소비에 따른 수익을 소비자에게 돌려주는 소비자 중심 전략을 핵심 운영 목표로 삼고 있다. 물론 기업 운영의 투명성은 논할 필요도 없을 것 같다. 왜냐하면 Kn541 Shop의 판매 수익 대부분은 회원에게 되돌려주는 것이 Kn541의 기본 전략이자 핵심이며, 시스템이 정상으로 돌아갈 즈음이면 많은 회원이 회사의 주인인 주주가 될 수 있기 때문이다.

'지속 가능하고, 환경을 책임지는 Kn541에 투자하는 전략'이야말로 전 지구적 환경도 살리고 내일을 가치 있게 만드는 똑똑한 경제생활의 해답이 아닐까?

플랫폼 시대 'Change Agent'로서의 리더 역할

조희철

　자연계의 모든 것은 그대로 두면 무질서하고 무용한 것이 된다는 열역학 법칙인 '엔트로피'는 조직이나 사람에게도 적용된다고 했습니다.

　문제는 조직 내 무용한 에너지의 양이 커질수록 엔트로피가 증가하는 속도도 빨라진다는 것입니다. 따라서 변화를 위한 궁극적인 효과를 거두기 위해서는 '가용한 에너지를 지속하여 재생산'하는 것입니다. 이를 위해서는 조직 내부의 리더에게 변화의 책임을 부여하도록 하고 'Change Agent'로서의 임무를 수행할 수 있도록 육성해야 할 것이라고 강조했습니다.

　주의할 점은, 기존의 권위주의를 포기하지 못하는 리더가 변화의 가장 큰 걸림돌이자 장애 세력으로 나타날 수 있는 것입니다. 현실적으로 관리의 편의성 측면에서는 관료제 형태의 직원 관리 체계만 한 것이 없습니다. 그들이 하급 직원이던 시절에 훗날 누리고자 한 안정적 지위와 각종 호혜를 이제 와서 포기하기는 너무나도 아쉬우므로 위험 요소로써 쉽사리 사라지지는 않습니다.

이러한 '관리자'를 진정한 '리더'로 만들기 위해서는 그들 스스로가 변화 관리의 'Role Model'로서 책임을 지고 활동하도록 유도해야 합니다. 변화 관리 책임자로서 Change Agent 리더 임무를 수행하도록 해야 할 것입니다. 그것은 그들 스스로가 '변화 리더'로 역할 하는 것입니다.

나는 왜 변하지 못하는가?

모두 쉽게도 변화를 이야기합니다. 그러면서도 정작 자기 삶을 바꾸는 사람은 드물다고 봅니다. 그저 여기저기서 변화를 강요하기에 자신도 '그래야 한다.'라고 생각할 뿐입니다. 남들이 말하는 변화는 모두 공허하게 들리기 쉽습니다. 답답하고 비루한 삶, 다람쥐 쳇바퀴 돌 듯 돌아가는 일상, 바삐 움직이는 세상 속에 홀로 내버려진 것만 같은 기분, 나에게 필요한 건 이런 것으로부터의 '탈출'입니다. '일탈' 바로 이것을 약한 자들이 꿈꿉니다. 하지만 진정으로 우리가 꿈꾸는 삶이 어떤 모습입니까? 더욱 즐겁고 행복한 삶, 의미가 가득한 이상적인 삶을 갈망한다면 바로 지금 내가 왜 변화를 해야 하는지 자문해 보아야 하겠습니다.

제조, 판매에 종속하여 사는 소비자가 고객이 왕이라는 핑계로 가스라이팅(Gaslighting)을 당하고 있습니다. 수동적 시대에서 미래로 나아가기 위해서는 나부터 변해야 합니다. 다가오는 휴머노이드 시대에서 잉여 인간이 살아남기 위해서는 소비자 주권을 확실히 찾아야 합니다.

욕구가 일지 않습니까? 하고 싶은 일과 풍요가 넘쳐나는 사회를 맛보는 환희의 감정이 가슴속에서 생기지 않습니까? 자신의 본능적인 욕구를 최대한 끌어내 보십시오. 이런 감정을 통해 우리는 솔직하고 진실한 자신과 만나고 건강하게 현실을 볼 수 있을 것입니다.

변화는 바로 자신의 발전과 행복을 증대하는 방향으로 생각과 행동을 선택하는 것입니다. 이제 누구도 부정할 수 없는 플랫폼 시대에 접어들었습니다.

변화는 절대 쉽지가 않습니다. 그것은 자신 내부에 적이 있기 때문입니다. 우리는 집단 학습을 통해서 자신 안에 있는 나태함과 게으름을 털어버리고 각자의 가슴에 변화의 진행 신호를 보내야 하겠습니다. 플랫폼 구성원 개개인 변화의 총합이 모여 조직의 변화를 가속할 수 있을 것입니다.

그렇게 플랫폼 조직 엔트로피를 늘 새롭게 재생산해서 살아 움직이는 조직 생태계를 만들어 플랫폼 비즈니스의 성과를 극대화하도록 해야 합니다.

Kn541에 동참하는 이유는 저마다 다를 것입니다.

'왜 Kn541을 해야겠다고 마음먹었을까?'

늘 그랬듯이 제 이야기로 Kn541을 설명하는 걸 좋아합니다.

일이란 것이 알고 보면 생계 수단이자 내 명함 같은 것으로 생각합니다. 일은 즉 직업으로써 나를 규정하는 요소이기 때문입니다.

지난주 토요일, 설계자의 강의에서 감동을 받은 나는 '왜 Kn541을 받아들였던가?'에 근본적인 속 질문을 저에게 던져 봤습니다.

일에서 우리가 얻을 수 있는 것을 양과 질로 표현한다면, 양은 '돈'이고 질은 '의미'입니다.

직업을 가지고 의미를 논하는 저를 두고 스스로 피곤하게 여깁니다.

그렇지만 의미를 따지는 제 인생이 안고 있는 숙제는 금액의 양으로 존재 의미를 증명하는 일입니다.

그래서 늘 삶이 버겁습니다. 그리고 아내에게 미안합니다.

가족을 담보로 사치스러운 사업 놀이를 하는 건 아닌지 늘 근신하며 살고 있습니다. 그렇다고 한 번뿐인 인생, 밥만 먹고 살 수는 없지 않겠습니까?

얼마 전 인품이 좋은 분에게 전달했다가 너무 형이상학, 즉 이상적인 사업이라는 이유로 거절당했습니다.

산업화 사회에서 잘 훈련된 '산업화 모범생'이 내린 결정이어서 십분 존중해 주었습니다.

저도 처음엔 동학혁명, 갑신정변 운운하면서 도발적 거부감을 가졌습니다. 실현 가능성을 알아차린 건 로봇과 AI 관련 뉴스를 접한 후였습니다.

24년 3월 27일, 국내 유통 대기업 이마트가 창사 이래 최초 구조 조정을 한다는 뉴스를 봤습니다. 모두가 일자리를 걱정하는 부정적인 분위기와 달리 주 3일만 일하는 시대가 인류에게 희망이라는 24년 4월 15일 빌 게이츠 팟캐스트(Podcast)가 있었습니다. 다단계의 메카 테헤란로에서 들었던 Kn541을 새롭게 바라본 전환점이 됐습니다.

"그래 맞아, 토끼나 호랑이를 위해 소비재를 생산하는 건 아니지. 다 사람을 위한 생산이니 소비를 담당할 재능자가 필요하겠구나!"

회장님의 '기초 강의 챕터5'를 통해 소비 협동조합이니 각종 플랫폼이 실패할 수밖에 없었는지 이해가 가면서 새로운 사유의 시선으로 Kn541을 바라본 것입니다.

온라인, 물류, 결재 시스템에 관한 3가지 사회적 인프라 토대 위에,

실물 경제에서 금융 경제로, 화폐 경제에서 비화폐 경제로, 프로슈머 사회에서 프로슈밍 사회로의 거스를 수 없는 도도한 시대 흐름을 이해하면서 익숙한 데자뷰에서 발견해 내는 뷰자데 시각이 생겼습니다. 이건 엄청난 행운이라고밖에 설명할 수 없습니다.

"로봇과 AI 컴퓨터의 생산으로부터 소외된 95%의 잉여 인간이 미래의 열쇠를 쥐고 있다."라는 앨빈 토플러의 한마디를 네이버에서 다시금 확인하면서 뗄 수 없는 굳은 딱지가 마음에 생겼습니다.

이 확신으로 두려움의 대상 조희철 고문님께 Kn541을 전할 수 있는 용기를 냈습니다.

늘 책을 가까이하신 고문님께서는 시대 흐름을 간파하고 있었던 터라 준비된 분으로 합류하셨습니다.

그리고 첫 강의를 통해 Kn541에 동참한 이유는 '지구사랑'이라고 말씀하셨습니다.

왼쪽 가슴에 북극곰 배지를 달고서….

어찌 보면 다단계 사업에 의구심이 완전히 가시지 않은 상태여서 꾸며대는 포장처럼 들리는 지구사랑이었다고 하니, 그분을 초대한 저는 진위 파악에 혼란을 겪었습니다.

그렇지 않겠습니까? 그렇죠.

제가 Kn541에 동참하기 위해서는 제가 하고 있는 사업에서는 이루기 힘든 뭔가를 Kn541에서 찾아야만 하지 않았겠습니까?

언젠가 토요 미팅에서 회장님의 강의를 저는 감동스럽게 들었습니다.

오늘 아침에 눈을 뜨자마자 한 생각이 번개같이 찾아 들었습니다.

회장님은 기억할지 모르겠지만 저는 분명하게 기억합니다.

Kn541을 통해서 제가 가장 해보고 싶은 일이 '인문 공부'라고 말입니다.

큰돈을 벌 만한 재주나 사업적 성향이 없는 사람인 저는 '안정되고 의미 있게' 삶을 챙기면서 가장의 소임을 다하고 싶었습니다.

이런 제 목표를 뒷받침해 줄 돈이 Kn541에서 해결될 것이라는 판단이 섰기에 나도 모르게 터져 나온 목표가 KN541 동참속에서의 인문 공부라는 것입니다.

제가 회장님으로부터 받았던 첫 책이 최진석 교수의 《인간이 그리는 무늬》입니다.

밤새 읽었습니다. 책장을 덮고 살아온 지난날을 곱씹어도 봤습니다. 그날 밤은 제게 아름다운 추억으로 남았습니다.

저는 지금도 그 책으로 Kn541을 전하고 있습니다.

집에 와서 책을 꼼꼼하게 읽기 시작했다. 걸어가면서, 버스 안에서, 지하철 안에서 계속 책을 읽었다. 책을 읽을수록 책 제목처럼 '생소'한 내용이 많이 있었다. 책 표지부터 세 번째 쪽을 넘기는 순간 눈에 확 들어온 것이 있었다. 바로 'VISION', 'MISSION', 그리고 '신세계 질서'라는 3개 문구였다.

Kn541의 비전(VISION)이 무엇이고, 미션(MISSION)이 무엇일까 하고 깊이 생각했다. 그리고 '신세계 질서'란 도대체 무엇일까? 더 궁금해졌다. 그래서 비전, 미션과 관련한 발전 방안, 전략, 목적, 목표, 과제, 계획, 성과지표(평가지표), 핵심 가치, 표어(슬로건), 이행 기반 등 내용이 있는지 샅샅이 살펴보았다.

책 5쪽에 정차조 설계자는 지구사랑 환경 운동을 위해 Kn541 플랫폼을 설계했다고 하였다. 그리고 앞으로 미래 유통은 '온라인과 녹색'에 달려있다고 판단했다. 그렇다면 '지구사랑 환경 운동', '녹색'이 Kn541의 비전인가, 미션인가, 아니면 다른 내용일까? 계속 책을 읽어 내려갔다.

책 6쪽에는 541샵 플랫폼을 '녹색소비 문화를 만들어 가는 취지에서 기획한 사업'이라고 명시되어 있어서 '이것이 Kn541의 비전인가, 미션인가.' 하는 생각이 계속 머릿속에서 맴돌았다.

책 15쪽에는 '지속 가능한 환경 운동은 시장 논리로 풀어야 하는 게 답이다.'라는 표현이 눈에 띄었다. 이 부분은 책 5쪽의 '지구사랑 환경 운동'과 '녹색', 책 6쪽의 '녹색소비 문화'와 본질적으로 내용이 같았다. 그리고 책 15쪽에서 '녹색소비 문화를 실천하기 위한 온라인 플랫폼으로써 탄생한 것이 바로 Kn541이다'라고 명시돼 있다. 이 부분은 책 6쪽의 '녹색소비 문화'와 100% 일치하는 내용이다.

책 98쪽에 '와서', '놀아라', '신나게'라는 캐치프레이즈가 있다. 필자는 순서를 바꾸면 좋겠다고 생각했다. '와서', '신나게', '놀아라'로. 어법상 이 순서가 자연스럽기 때문이다. 책 99쪽에 Kn541의 모티브는 '저탄소 경제 사회'로 가는 '녹색혁명'으로 나와 있다. 그린플루언서 운동본부 유은희 이사장은 책 16쪽에서 '녹색소비 지구사랑'이라는 표현을 썼다. 책 17쪽에서는 "코이노니아 회원은 우리 생명과 직결한 지구를 살리고 아름다운 녹색 문화를 만들어 가는 역사의 한 획을 긋는 영웅들"이라고 강조하였다. 그렇다면 녹색소비 지구사랑이 비전인가, 미션인가, 아니면 다른 내용일까 하는 생각이 또 머릿속에서 맴돌았다.

책 43쪽에서는 표어(슬로건)로 뜻밖의 재미, 뜻밖의 혜택, 뜻밖의 기회를 제시하고, 캐치프레이즈로는 '건강한 삶이 녹색 실천의 시작'을 말했다. 책 44쪽에서는 '16가지의 녹색 만족 선언서'를 언급했다. 정차조 설계자는 52쪽에서 환경 보호에 플랫폼을 접목한 Kn541 플랫폼에 관해 미래를 지향하는 비전을 제시한다. 도대체 '미래지향적인 비전'이 무엇일까 궁금했다. 책 57쪽에서 541 플랫폼의 모토로 '환경보호'와 '지구사랑'을 제시했다. 책 57쪽에서는 Kn541 플랫폼의 비전으로 Kn541 생소 융합을 제시했다. 이는 Kn541 자가 쇼핑몰의 핵심이다. ‘비용 부담 없는 창업’, ‘재고 부담 없는 창업’, ‘상품 소싱 부담 없는 창업’, ‘리스트 부담 없는 창업’이 주요 내용이다. Kn541 플랫폼의 3가지 특징은 다음과 같다.

첫째, 킬러 콘텐츠이다. 이는 뜻밖의 재미(생산 소비자 융합, 구매 동시 지분 참여, 소비는 곧 수익)이다. 둘째, 연계 콘텐츠이다. 이는 지구사랑(녹색 정보 제공, 녹색 교육 진행, 녹색 캠페인 전개)이다. 셋째, 문화의 장이다. 이는 녹색 생태계(각종 해결책 제공, 온오프라인 연계 콘텐츠 제공, 녹색 커뮤니티를 통한 새로운 부 창출 전개 문화)이다.

책 63쪽에서 Kn541의 발전 방향으로, 기존 플랫폼 비즈니스에 ‘녹색환경’이라고 하는 모토를 더한 것이라고 했다. 책 113쪽에서 Kn541은 그 밖의 비전 전략을 다양하게 제시하고 있다. 우선 ‘GF 연구소’를 적극 활용하여 녹색운동을 체계적으로 진행할 수 있는지 연구하는 것이다. 다음은 ‘1365 자원봉사 포털’과 연계하여 콘텐츠를 운영하는 것이다. 집에서도 봉사활동 시간을 채울 수 있는 웹 기반의 시스템은 국내 최고이고 세계 최초이다. 또한 그린플루언서 운동본부는 친환경 녹색 아카데미 법인을 통해 환경 교육을 진행하고, 지에프 학술원에서 자격증을 발급한다.

책 121쪽에서 Kn541의 단계적 발전 방향으로 생소 융합 논문, 단행본 출판, 국민 공모주, 지구사랑의 주요 아이디어를 제시하고 있다. 책 138쪽에서 Kn541의 모토로 ‘소유 없는 생산’, ‘지배 없는 발전’, ‘자기주장 없는 행동’을 제시했다.

소비자가 주인이 되는 세상의 의미

조상현

소비자가 주인인 세상이 만들어진다는 게 어떤 의미일까요?

첫째, 소비자는 제품을 구입하는 소비 행위의 주체인데, 이 소비 행위가 곧 일종의 자본재에 대한 투자이며, 수익을 일으키는 경제활동의 주체로서 소비자 스스로 '소비에 대한 인식의 전환'을 하는 것입니다.

둘째, 소비자는 스스로 필요한 상품을 요청하고 직접 제조사와 상품을 선택하는 시스템을 만들거나 그런 시스템에 자발적으로 동참하여 '주체적 소비 행위'를 실천하는 것입니다.

셋째, 소비로 창출하는 수익을 소비자의 수익으로 가져올 수 있는 '수익 실현 시스템을 만드는 데 동참'하는 것입니다.

넷째, 소비로 수익을 낼 수 있는 생소융합 시스템에 참여함으로써 '수익 시스템(회사)의 주주'가 되는 것입니다.

다섯째, 생산자의 광고 수익은 소비자가 부담하는 것이므로 광고 콘텐츠 생성과 공유에 동참하여 '광고 이익을 돌려받을 수 있는 시스템 구축에 동참'하는 것입니다.

여섯째, 이 모든 소비자의 소비로 발생하는 수익을 실현하는 시스템 회사에 주인(주주)으로 동참하여, 시스템 회사의 발전에 따른 '주식 잉여 배당을 받는 주주'가 되는 것이야 말로 가장 궁극적인 소비자가 주인인 세상이 되는 것입니다.

이 여섯 가지 가정을 모두 충족하는 시스템과 회사가 바로 Kn541입니다. 단지 이 시스템에 회원으로 참여하여 '소비하는 행위' 하나만으로 모든 것을 구현할 수 있으니까 이것이야말로 소비자가 주인인 세상에서 주인공이 되는 것입니다.

18번째 PPT 자료를 밤새워 분석해 보니까 다시 한번 가슴이 뜁니다. '이 복잡하고 세밀하며 분명한 배당시스템을 어떻게 다 설계했을까?' 하고 설계자에게 경외심을 새삼 느낍니다.

이제 이 Kn541 플랫폼을 선택하느냐 마느냐는 소비자 개인의 몫입니다. 우리가 설득하는 게 아니고 소비자 스스로 선택하는 것입니다. 우리는 그런 소비자를 발견하면 만남의 서비스를 제공하는 것입니다. 따라서 포메이션 작업에 우리는 무한한 자부심을 가지고 행동하면 됩니다. 시스템이 부족해서 선택하지 않는 것이 아니고 시스템을 이해하지 못해서 선택할 수 없는 무지가 안타까울 뿐입니다.

이 플랫폼을 누가, 어느 회사가 만들 수 있겠습니까?

물론 기술로는 구현할 수 있지만, 회사 이익 전부를 배당으로 회원에게 공유하는 데 동의할 주주는 아마 없을 것입니다.

그 위대한 개발자의 결단이 PPT 곳곳에 녹아 들어 있음을 여러분이 발견한다면 여러분 또한 위대합니다.

진정한 소비의 주인공이 되실 자격이 있습니다.

그래서 우리는 읽고 또 읽고, 듣고 또 들어서 Kn541 플랫폼이 나의 플랫폼이 되도록 훈련해야 합니다. 거기에 나의 미래와 가치와 자유와 지구사랑 실천이 모두 걸려 있기 때문입니다.

그래서 오늘 세미나에 참석하시고 또 내일 전체 세미나에 참석하시고, 토요 세미나에도 참석하시고 계속 참석하실 여러분을 사랑합니다.

이용근

주역(周易)에서 세상은 시시각각 변한다고 주장한다.

시시각각 변하는 것은 쉽기에 자연현상이 바뀌는 것에 해당하는 '바꿜 역(易)'은 '쉬운 이(易)'로 사용되기도 한다.

하지만 인간만은 생각을 바꾸려고 하지 않는다. 주역은 세상이 바뀌듯이 인간도 바뀌어야 한다는 내용의 경전이다. 따라서 주역은, 바뀌지 않으려는 인간에게 바꿔야만 한다는 지혜를 알려준다.

궁즉변, 변즉통, 통즉구

인간은 궁해야 변하기 시작한다.

변해야 소통이 되고,

소통이 되면 오래간다는 말이다.

궁해지셨나요?

변해야 할 때입니다.

궁하지 않으시나요?

아직 변화를 해야 할 때가 아닙니다.

궁함 속에서

변화에 도전해야만 새로움을 맛볼 수 있습니다.

우리가 소통이 안되어 고통스러울 때가 바로 변화해야 한다는 신호이다. 그 변화가 우리를 소통하게 하고, 그 소통으로 인해 새롭게 태어나는 순간 고통은 사라진다.

우리가 불가능하다고 생각하는 것에도 1%의 가능성이 존재한다. 그 1% 가능성에도 포기하지 않는 것! 그것이 도전이고 창조이다.

결국 1% 가능성에 99%의 끈기로 도전하는 사람만이 새로운 창조를 맛볼 수 있다.

어려움은 새로운 삶을 창조하는 위장된 기회이다.

어려움을 이겨냈을 때, 새로운 세계로 도약하는 것이다.

우리는 어려움을 직면할 때만 새롭게 태어나게 된다.

"여러분, 힘드십니까?

그럼 도전하세요!

도전만이 새롭게 태어나는 기회입니다."

역경 지수(AQ: Adversity Quotient)는 수많은 역경에도 굴복하지 않고 끝까지 도전해 목표를 성취하는 능력을 의미하는 것으로, 그러한 능력을 IQ처럼 지수화한 것이다.

어려움이 닥쳤을 때 사람은
퀴터(Quitter, 포기하는 자),
캠퍼(Camper, 안주하는 자),
클라이머(Climber, 극복하는 자)로 나뉘며,

IQ(지능지수)나 EQ(감성지수)보다 AQ(역경 지수)가 높은 사람이 성공하는 시대가 될 것이란 이론으로써 영국의 커뮤니케이션 이론가 폴 스톨츠(Paul G. Stoltz)가 처음으로 주장했다.

첫 번째, 산을 오르다 난관에 부딪치거나 체력을 소진했을 때 등반 자체를 포기하는 자가 '퀴터'인데, 퀴터는 IQ가 높은 사람이다.

두 번째, 현재 난관을 이겨낼 방법을 찾지 못하고 그 자리에 텐트 같은 캠프를 치고 안주하는 자가 '캠퍼'로 노력하는 자인데, 캠퍼는 EQ가 높은 사람이다.

세 번째, 자신의 경험과 능력 그리고 지혜를 총동원해 결국 등반을 마치고 산을 정복하는 자가 '클라이머'로 AQ가 높은 사람이다.

Kn541에서 만나는 낯섦과 어려움을 이겨내고 성공하는 사람은
IQ와 EQ가 높은 사람이 아니라, AQ가 높은 사람일 것이다.

따라서 Kn541을 너무 머리와 감성으로 보지 말고,

새로운 세계를 창조하기 위한 역경에 도전하는 기회로 삼자!

그리고 새로운 삶을 창조하는 주인으로 거듭 태어나자!

나 홀로 여행은, 어려움을 만나 스스로 이겨내는 것을 통해 역경 지수를 높이는 과정이다.

나 홀로 여행을 통해 미리 어려움에 대한 예방접종을 받음으로써 일상에서 어려움에 직면했을 때 끈기 있게 이겨 내는 지혜를 배우는 것이다.

어려움을 이겨 낸 자만이 자신만의 인생 지침서를 가지게 된다.

그리고 자신만의 꿈을 꾸며 실현하게 된다.

"내 아이가 뭘 잘하는지 모르겠어요."

"내 아이를 어떻게 공부시켜야 하는지 모르겠어요."

모든 부모는 자녀의 미래를 위해서 항상 고민한다. 아이의 재능을 테스트하기 위해 일반적으로 IQ 테스트를 한다. IQ 테스트 결과로 아이를 영재나 수재로 분류한다. 하지만 영재와 수재를 위한 영재교육은 모든 아이를 영재로 만들어주지 못한다. IQ 높낮이에 상관없이 부모는 아이가 무엇을 잘하는지에 관심 두지 않는다. 다만 좋은 대학에 가야만 미래가 보장될 수 있다고 생각한다.

한 예로 국내 최고의 수재만이 모여 있다는 서울대 이야기를 살펴보자. '공부법 전문 연구소'는 7년 동안 서울대생 3,121명을 만나 이들의 공부법을 내용으로 인터뷰하여 공통점을 찾아냈다. 물론 천재도 초

능력자도 있었다. 하지만 대다수는 평범한 학생이었다. 서울대 학생의 평균 IQ는 생각보다 높지 않은 117이고, 고등학교 때 평균 수면시간은 6.8시간이었다. 적절한 지능지수에 적절한 노력을 하고 서울대에 합격한 학생이 대부분이었다.

IQ보다는 자신이 뭘 잘하는지를 발견하는 것이 더 중요하다. 아이들이 무엇에 관심을 가지고 끝까지 하려고 하는지는 많은 경험을 통해서만 발견할 수 있다. 다양하고 많은 경험을 통해 발견한 것을 작심삼일 하지 않고, 목표를 달성할 때까지 포기하지 않고 노력하는 투지와 끈기를 발휘해야 한다.

실제로 성공한 사람에게는 한 가지 공통적인 비밀이 있다. 그것이 바로 '그릿(Grit)'이다. 자신이 원하는 꿈을 발견하고 성취하는 사람은 한 번도 해 본 적이 없는 일도 헤매면서도 완성될 때까지 먹는 것도 잊고 노력한다. 이처럼 꿈을 이루는 데 필요한 것은 높은 IQ나 타고난 재능이 아니다.

그것은 그릿, 즉 장기적인 꿈을 향해 나아갈 수 있는
열정, 투지와 끈기가 성공의 열쇠이다.

이것이 바로 AQ이다.
이러한 역경을 거꾸로 하면 경력이 된다.
우리의 경력은 역경을 이겨낸 결과이다.

어린 자녀를 둔 대부분의 부모는 아이의 잠재력을 깨워주고, 이를 이끌어 줄 수 있는 방법을 고민한다. 그렇다면 그릿을 길러주기 위해 어떻게 해야 할까?

베스트셀러 《그릿(Grit)》의 저자 앤절라 더크워스(Angela Duckworth)는 이를 위해 한 가지 규칙을 제시했다. 그녀의 가족은 아이의 그릿을 길러주기 위해 '어려운 일에 도전하기' 규칙을 만들었다. 아이에게 제안할 수 있는 어려운 일은 몸으로 배우는 달리기, 피아노 연주, 발레, 명상 등의 특별한 활동 등이다.

앤절라 더크워스의 가족은 이 규칙을 시행할 때 지키는 3가지 조항을 만들었다.

첫 번째 조항은 엄마와 아빠를 포함한 '온 가족이 어려운 일에 도전해야 한다'라는 것이다.

두 번째 조항은 '아이 스스로 어려운 일을 선택해야 한다'라는 것이다. 아이 스스로 조금씩 더 어려운 일을 선택할 기회를 주는 것이다.

세 번째 조항은 '아무리 어려운 일이라도 항상 그만둘 자유가 있다'라는 것으로 아이의 자유 선택을 박탈하지 말아야 한다. 하지만 약속한 기간까지는 시작한 일을 반드시 끝내야 함을 원칙으로 한다.

내 아이가 뭘 잘하는지 모르겠다면 아이의 잠재력을 깨우기 위해 온 가족이 낯선 곳으로 여행을 떠나 보라. 낯선 곳을 여행하면서 아이가 스스로 나아갈 길을 선택할 기회를 제공하면서 그릿을 기르도록 장려할 수 있다. 여행을 마칠 때까지 나아갈 길을 끝까지 찾는 노력하는 힘, 그릿을 기억한다면 세상의 모든 부모가 아이의 잠재력을 깨우는 데 훌륭한 조력자가 될 수 있다.

두 아들과 함께 스페인 산티아고 800km를 걸으며 역경 지수를 키운 것이 내 운명을 바꾸었고, 두 아들도 서울대학교 국악과에 합격했다. 1%의 가능성에 도전하는 것! 그것이 꿈이고 희망이며 창조이다. 우리 모두 1%의 가능성에도 포기하지 않고 도전하는 삶을 통해 역경 지수를 키우고, 세상에 없는 생소한 플랫폼인 Kn541 플랫폼을 창조하는 새로움을 만끽하시기를 기원합니다.

조희철

Kn541의 미래는 질문에서 시작된다. 피터 드러커의 질문

Kn541의 미래는 질문에서 시작한다. 피터 드러커(Peter Ferdinand Drucker)의 5가지 질문이 우리에게 가르쳐 주는 플랫폼의 성장과 Kn541의 미래이다.

우리가 속한 Kn541 플랫폼의 존재 이유는 무엇이며, 우리는 무엇을 추구해야 할까요? 이 질문은 단순해 보이지만, Kn541플랫폼의 근본을 다시 세울 수 있는 핵심 질문이며 장기적으로 Kn541의 성공을 좌우하기도 합니다. 이는 피터 드러커가 제시한 '가장 중요한 다섯 가지 질문'으로 귀결됩니다. Kn541의 근간인 생소 융합 플랫폼과 미래를 그리는 사전 예약 구매 시스템에 있어서 이 질문은 특히 중요합니다.

오늘은 이것을 바탕으로 Kn541과 개인이 어떻게 성장할 수 있는지 함께 탐구해 보겠습니다.

⚙ 우리의 사명은 무엇인가?

Kn541의 사명은 Kn541이 왜 존재하는지, 무엇을 위해 일하는지를 명확하게 해주는 지침입니다. 예를 들어 저의 경험에서는 기획 담당자로서 Kn541의 핵심 가치와 비전을 구성원 모두가 공유할 때, 팀워크와 성과를 자연스럽게 향상할 수 있었습니다. 이는 Kn541의 사명이 구성원에게 명확한 방향성을 제시하고 그들의 업무에 의미를 부여하기 때문입니다.

그러면 Kn541의 핵심 가치는 무엇인가?

지구사랑을 실현하기 위해 공동체 활동에 참여하여 얻는 이익을 공유하는 소비자 주권 시대의 주체로서 지속 가능한 삶을 추구하는 데 존재의 의미를 갖습니다.

비전은 무엇인가?

소비자가 생산과 유통을 주도하는 지구사랑 공동체, Kn541 플랫폼의 실현입니다. 따라서 우리의 사명을 정의하면, '소비 주권 시대를 위한 녹색 플랫폼 구축으로 지구사랑 실현'이라고 할 것입니다.

❂ 누가 우리의 고객인가?

고객을 이해하는 것은 Kn541이 제공하는 가치의 최적화에 필수입니다. Kn541 플랫폼에서는 고객과 소비자가 하나로 묶여 있는 점이 특이한 부분입니다. Kn541 멤버그룹에서는 내부 고객인 Crew와 멤버 소비자의 필요와 기대를 충족시키는 것이 중요합니다. 제가 경험한 바로는, 소비자의 다양한 요구를 위해서는 끊임없이 소통하고 그들의 의견을 경청하며 분석하고 파고들어야 합니다. 표면적인 숫자나 추상적인 용어에서 그치면 그들의 진정한 요구를 이해할 수 없습니다.

⚙ 고객은 무엇을 가치 있게 생각하는가?

고객 가치를 이해하는 것은 Kn541이 제공할 수 있는 가장 중요한 것입니다. 예를 들어 각종 프로그램을 개발할 때, 소비자가 실제 필요로 하는 경험과 스킬, 지식을 반영하는 것이 중요합니다. 이를 통해 Kn541 플랫폼은 더 효과적인 결과를 달성할 수 있습니다. 특히 Kn541 멤버에게는 함께하는 멤버도 고객이고 Crew와 소비자도 고객입니다. 양자의 니즈의 틈새와 간극(Gap)을 메우거나 줄일 수 있도록 적절한 솔루션을 찾아내야 합니다.

⚙ 우리가 만든 결과는 무엇인가?

결과를 평가하는 것은 Kn541이 올바른 방향으로 나아가고 있는지를 확인하는 데 도움이 됩니다. Kn541 멤버와 시스템을 운영하는 부문에서는 회원 수 증가율, 플랫폼 이용률, 매출액 증가율, 사용자와 소비자 만족도 조사, 브랜드 인지도, 친환경 제품 거래량, 지구사랑 프로그램의 효과 등을 분석합니다. 운영 정책과 플랫폼에서 제공하는 프로그램의 성과는 지구 환경 보전의 실현으로 평가할 수 있습니다.

⚙ 우리의 계획은 무엇인가?

미래를 지향하는 계획을 세우는 것은 Kn541의 지속 가능한 성장을 위해 필수적입니다. Kn541 멤버 그룹에서는 리더십 개발, Crew양성 및 능력 개발, Kn541 플랫폼의 특별한 문화 강화 등을 통해 장기적인 성장을 도모할 수 있습니다.

따라서 국내 대표 친환경 소비자 주도의 자립적 플랫폼으로 성장하여 해외 시장에 진출하는 계획을 차근차근 진행할 것입니다. 공유 경제 확산을 통한 저탄소 경제사회 실현 및 지구 환경 개선에 이바지하려 합니다.

이 다섯 가지 질문은 단순히 Kn541에만 적용하는 것이 아니라, 개인의 삶과 경력에도 깊은 통찰을 제공합니다. 여러분 개인적으로 이 질문을 통해 자신과 Kn541의 현재 위치를 평가하고, 더 나은 개인의 미래를 위한 근본적인 계획을 세울 수 있습니다.

"가장 심각한 실수는 잘못된 대답의 결과로 발생하는 것이 아닙니다. 정말 위험한 것은 잘못된 질문을 하는 것입니다."

"The most serious mistakes are not being made as a result of wrong answers. The true dangerous thing is asking the wrong question." -Peter Drucker

피터 드러커의 'The Five Most Important Questions'는 경영 전략(Business strategy) 차원을 넘어 시스템 관리(생소 융합 플랫폼)와 시스템 개발(사전 예약 구매 시스템)의 핵심을 꿰뚫고 있습니다. 이 다섯 가지 질문은 Kn541 멤버가 Kn541 내부의 역동성을 파악하고 소비자와 Kn541이 직면한 실질적인 문제를 이해하는 데 필요한 인사이트(Insight)를 제공합니다.

Kn541의 사명을 명확히 하고 진정한 고객이 누구인지, 그들이 가치 있게 여기는 것이 무엇인지를 이해함으로써 Kn541 멤버는 Kn541 플랫폼의 내외부로 성장과 발전을 이끌 수 있는 전략을 세울 수 있습니다.

결과를 분석하고 미래 계획을 세우는 과정에서 드러커의 질문은 멤버가 Kn541의 핵심 역량을 강화하고, 지속 가능한 성공으로 나아가는 길을 제시합니다. 결국 이 질문에 담긴 인사이트는 Kn541뿐만 아니라 개인의 성장과 발전에도 큰 영감을 주며 Kn541 멤버의 역할을 재정의하는 데도 중요한 역할을 합니다.

허남식

Kn541 이즘(ISM): 새로운 사상과 문명의 청사진

⚙ 1. 시대적 배경과 등장

우리는 지금 역사적 전환점에 서 있다. 기존 경제 체제의 모순이 심화하고, 사회적 불평등이 확대되며, 환경 위기가 급속하게 도래하는 시점에서 인류는 새로운 패러다임을 갈망하고 있다. 이러한 시대적 요청에 응답하여 탄생한 Kn541 이즘(ISM)은 단순한 이론적 구성체를 넘어 인류 문명의 새로운 가능성을 제시하는 종합적 사상 체계이다.

Kn541 이즘은 그리스어 '코이노니아(Koinonia)'의 정신을 현대적으로 계승하며, 분절된 세계를 통합하고, 소외된 가치를 회복하며, 단절된 관계를 재구성하는 새로운 시대정신을 담고 있다. 이는 단순한 경제적 혁신을 넘어, 우리 사회의 근본적인 변화를 끌어낼 수 있는 사상적 기반이자 실천적 지침이다.

Kn541 이즘은 기존 자본주의의 부작용(불평등, 환경 파괴, 사회적 소외)에 관한 대안적 사상과 철학으로 등장했다. 디지털 전환으로 플랫폼 독점이 심화된 시대에 단순한 경제 모델이 아닌 통합적 문명 패러다임으로서 '코이노니아' 정신을 계승한다. 공동체 참여, 나눔의 사상과 철학을 중심으로 분절된 세계를 재통합하는 데 목표를 둔다.

✿ 2. 핵심 개념과 구조

Kn541은 '소비가 곧 수익'이 되는 새로운 경제 시스템으로, 참여자 중심의 플랫폼 구조(자가 쇼핑몰, 50/40/10 분배 시스템)이다. 이는 생산자와 소비자 이분법을 넘는 생소융합 접근으로, 참여자 전원이 가치 창출자이자 수익 분배자로 역할 하는 시스템이다.

✿ 3. 4대 핵심 원리

가. 통합성: 경제, 사회, 환경, 문화를 유기적으로 연결.

나. 혁신적 실용주의: 이상과 현실, 철학과 실천의 창조적 결합.

다. 적응형 진화: 변화에 유연하게 대응하는 열린 체계.

라. 다원적 가치체계: 경제적 효율성과 문화·환경 가치를 동시에 추구.

✿ 4. 플랫폼 구현

Kn541 플랫폼은 다양한 특화 몰, 가상자산 그린티, 프로슈머 시스템으로 구성하여 소비자 주권과 경제 민주화를 실현한다. 참여자는 생산, 소비, 마케팅, 투자까지 다중 역할을 수행하며 가상자산은 실물경제 및 메타버스(Metaverse)와 연결된다.

✿ 5. 기존 이즘(ISM)과의 비교

Kn541 이즘은 자본주의의 '경쟁·소유' 중심을 '협력·접근'으로 전환

하며, 사회주의의 국가 주도에서 벗어나 분산형 공동체를 지향한다. 공
유경제의 단점을 보완하여 플랫폼 자체를 공공재로 만들어 환경주의와
연계한 녹색 생태계를 실현한다.

✿ 6. 사회경제적 영향

가. 경제 민주화: 소비자가 의사결정에 직접 참여.

나. 부의 재분배: 소득 기회를 분산하여 중산층 회복.

다. 공동체 회복: 관계 중심 생태계로 사회적 연대 강화.

라. 지속 가능성: 순환경제, 친환경 소비, 지역경제 기반 생산 강조.

✿ 7. 윤리적 지향

Kn541 이즘은 단순한 시장주의를 넘어서 경제 정의, 기술 민주화,
포용적 성장, 미래 세대를 위한 책임 등을 중시한다. 특히 블록체인과
알고리즘 투명성으로 디지털 윤리 실현을 추구하며, 교육과 커뮤니티
참여를 통한 문화적 변화도 견인한다.

✿ 8. 미래 전망과 과제

Kn541 이즘은 교육, 공공 정책, 의료, 제조 등 다양한 영역으로 확장
할 수 있다. 그러나 기존 시스템의 저항, 법·제도 미비, 기술 완성도 부
족, 문화 장벽 등의 과제를 안고 있다. 이에 따라 멀리 내다보고 단계를
밟아 나가는 확산 전략(2026~2036년)을 제시하며 글로벌 패러다임으로
전환을 목표로 한다.

Kn541의 차별적 콘셉트

　지식 정보화 시대, 디지털 시대, 고령화 시대, 소비자 시대 등 현시대를 지칭하는 용어는 많다. 구분의 기준이 다를 뿐 변화의 동인은 결국 '소비자'와 '지식 정보'의 두 축이 핵심이라 할 수 있다. 특히 '소비자'에 관한 중요성은 점점 더 커지고 있다. 정확히 말하면 소비자의 막강한 힘에 대한 인식이 기업이나 정책 입안자에게 커져가고 있다. 당연하게도 기업의 이윤이나 정부 정책의 핵심은 소비자가 좌우한다고 할 수 있다.

　Kn541 역시 핵심은 '소비자'와 '지식 정보'라 할 수 있다. 사회 변화의 중심을 이루는 소비자가 모이면 이윤을 목적으로 하는 기업도 정책 입안자도 그에 따라 변할 수밖에 없는 구조를 만들어 궁극적으로 소비자 중심의 새로운 경제 패러다임을 세우자는 것이 우리 목표의 핵심이라 할 수 있다.

　이제까지 진행해 온 소비자 운동을 살펴보자. 부정 식품이 침해한 소비자의 권익을 보호하기 위한 운동, 기업의 고압적인 마케팅에 대한 불매 운동 등이 초기 소비자운동의 모습이었다. 1960년 이후에는 미국 대통령 존 F. 케네디(John F. Kennedy)가 주장한 소비자의 4가지 권리, 즉 안전할 권리, 알 권리, 자유 선택의 권리, 의사 반영의 권리에 따라 사상적·정치적 기반으로 한 계몽운동도 있었다. Kn541이 추구하는 소비자 중심주의 운동은 이제까지의 소비자 운동 모두를 포괄하는 구조 자체를 뒤

엎어 권력의 헤게모니를 소비자에게 가져오는 혁명이라 할 수 있다. 이런 역사적 변화를 위해 설계자인 본인이 할 수 있는 최선의 방법으로 Kn541 플랫폼이라는 장(場)을 열어놓았다. 거기에 이 모음집《Password Kn541》에 글을 올려 주신 여러 귀인을 비롯하여 팀장, 아지트 장과 일반 소비자 회원까지 다양한 시각과 경험을 함께 나누고 보태어 온라인 커뮤니티를 만들고 예약 구매와 자가 쇼핑몰이 가능한 플랫폼의 기초를 다져왔다. 최근에는 소비자가 쇼핑몰 등에서 자유롭게 활용할 수 있는 블록체인 토큰(GreenT)의 도입까지 점진적으로 충실히 진행되고 있다.

이제 시스템의 완성은 '소비자'의 참여이다.

앞서 피력한 것처럼 Kn541이 경제의 속성을 바꾸는 핵심이 되기 위해서는 많은 소비자의 역량을 결집하는 것이 가장 중요하다. 그렇다고 필요 없는 상품, 시장 가격보다 비싼 상품을 구매하도록 하지 않을 것이며 그럴 수도 없다. 왜냐하면 Kn541 시스템은 '소비자 회원이 원하는 상품을 직접 요청하고 필요로 하는 회원이 함께 구매함으로써 가격은 낮추고 유통과 마케팅에 투입되는 잉여 수익을 구매에 참여한 모든 회원과 공유하는 시스템'이기 때문이다.

소비자는 쇼핑몰에서 필요한 상품을 요청하고 저렴한 가격에 상품을 구매하기만 하면 된다. 나머지는 시스템이 알아서 계산하여 소비자에게 다시 내어줄 것이기 때문이다.

물론 Kn541은 소비자의 혜택과 편리함을 위해 계속해 진화를 거듭할 것이다. 기술에도 소비자의 니즈(Needs)와 원츠(Wants)를 충분히 반영하여 유저 편의에 맞춰 개발 또한 진행할 것이다. 요점은 시스템 구축을 위한 우리의 노력이 멈추지 않을 것이라는 각오에 있다. 객관적으로 현재 Kn541 시스템이 Web2.0 단계라면 우리의 목적은 창조 경제를 활성화하는 Web3.0을 넘어 시대를 앞설 수 있는 Web4.0 시대를 열어가는 것이다.

시간이 있을 때 자주 탐독하는 제레미 리프킨(Jeremy Rifkin)의 《노동의 종말》에 나오는 질문이다. "생산성 향상분을 어떻게 분배할 것인가를 둘러싸고 모든 국가는 결국 경제 정의라는 근본적인 문제에 직면한다. 실업자, 심지어 극빈자도 정보와 커뮤니케이션 기술 혁명에 의한 생산성 향상분을 누릴 권리가 있는가?"

Kn541 설계자로서의 대답은 "당연하다."이다. Kn541은 소비자 중심으로 모든 성장과 분배가 공평하게 이루어지는 새로운 패러다임을 추구하기 때문이다. 우리는 정책 입안자의 소득 보장 정책을 기다릴 시간과 필요 또한 없다. Kn541 안에서 우리의 선택과 의지로 공동체 서비스와 소득을 창출해 나갈 수 있기 때문이다.

끝으로 현재까지 Kn541 플랫폼의 뼈대를 만들고 물심양면으로 그 책임과 도움을 주시고 있는 모든 소비자 회원과 디렉터, 리더, 팀 대표, COO, 아지트 장께 감사와 존경을 표한다.

특별히 이 모음집 《Password Kn541》의 글을 함께 해 준 이용근 님, 조상현 님, 조희철 님, 정영준 님, 허남식 님, 조성호 님, 김진순 님, 유은희 님께 깊은 감사의 마음을 전한다.

엮은이 정차조

Kn541의 비전

Kn541
선택
와서, 놀아라, 신나게
신세계질서
3대 전략
최적화
자가 쇼핑몰
킬러 콘텐츠
공유 / 확산
보상
소비가 곧 수익
사면서 돈버는 쇼핑
쓰는게 즐거운 쇼핑

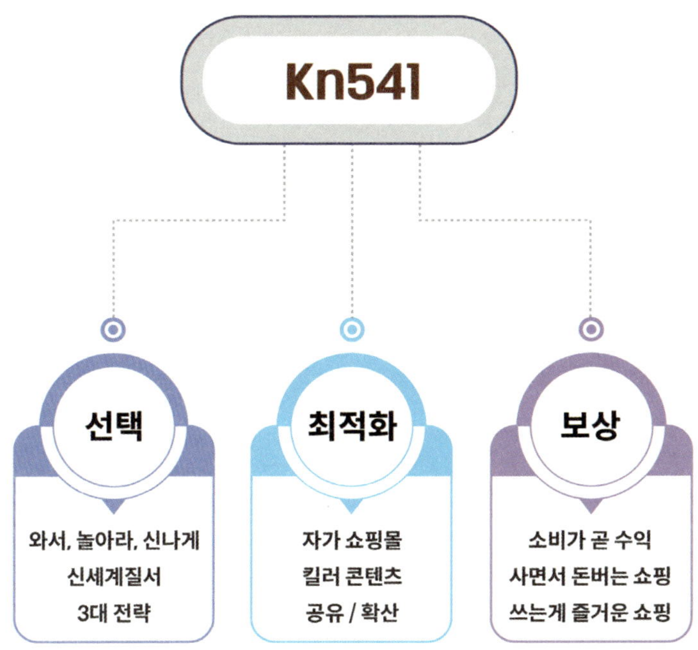

Kn541 커뮤니티
우리 모두가 함께 합니다

정진임

매일매일 목표와 꿈과 희망의 메시지를 보내 주시는 모든 분에게 감사의
마음을 전합니다.

김순영

하지만 진정한 자유는 소유가 아니라 공유에서 나온다. 너무나 멋진 Kn541의
공유

박덕근

하이! 자연을 제자리에 ♡♡♡

강동면

하이 Kn541 자연을 제자리에, 지구사랑 생소융합 배당플랫폼 화이팅!!! ♡♡♡

김상진

오늘도 활기찬 하루 되세요 541 화이팅

박옥자

선생님께서도 수고 많으셨습니다. 강의 잘 들었어요! 감사해요~

문기종

541샵 대박(장땡)입니다(최고)(최고)(최고)

이유민

541샵, 심플하면서 정감이 더 갑니다. 좋아요!

정보경(정정자)

긴 연휴 한 주 출발

새로운 한 주가 시작하는 월요일, 우리가 할 일은 자신에게 주어진 시간

안에서 서로가 조금씩 부족한 것 채우는 일이 아닐까 생각이 듭니다.

조금의 양보 조금의 배려

내가 조금 덜 가짐이 누군가에게는 따뜻한 숨구멍이 되겠지요.

그리고 그 따뜻함은 세상을 다시 품게 하는 온기가 됩니다.

내 삶에 스쳐 간 모든 사람, 그리고 이 아름다운 세상에 함께 인연을 맺은 모든

사람이 지나고 보니 정말 눈물겹도록 고맙습니다.

뒤돌아보니 내 삶은 감사함으로 가득 찬 기적 같은 여정이었습니다.

언제나 지인 모두의 삶에도 행복 가득한 기적이 머물기를 바라며 어제도

오늘도 살아 있음에 감사하며 언제나 함께라서 고맙습니다.

오늘도 좋은 하루 보내세요 ^^♡

인천 주안 아지트 ^^♡

감경숙

하이! 자연을 제자리에

홍주현

'오늘을 살아가세요'님 반갑습니다.

실명으로 바꾸시면 좋겠습니다. 감사합니다.

정말 하루 종일 수고 많으셨어요.
편한 쉼 하셔요♡♡

정진임께서 정은숙 팀운영님 꽃다발 증정, 꽃들 모임~

리더 세미나 참가자 여러분께
참가자 성함과 입금자 성함을 동일하게 보내주시면 감사하겠습니다.
참가 명단에만 올리고 입금하지 않으신 분은 입금 부탁드립니다.
늦으면 이자 청구가 있습니다.

오늘도 열심 열심인 운영자님 고생 많으십니다.

가슴이 뛰는 일을 하고 있는가?
오늘도 나는 나에게 물어본다.
부산에서 사범대를 나와 고등학교 국어 교사로 6년을 근무한 후 32년간 소망의식을 가지고 교육사업을 보람차게 하고 있다.
세상 살면서 가지게 된 기준이 "나만 좋을 것인가?" 아니면 "함께 행복할 수 있는가?"인데 Kn541을 만나 그것이 완벽히 가능하다는 확신이 들었다.
그냥 늘 하던 소비를 Kn541에서는 투자로 본단다.
그리고 배당을 준단다. 평생 배당으로!

유미완

우리들만의 공동체!!!
함께 만들어 가는 Kn541
사전 예약 구매로 바보 온달과 평강 공주가 행복의 문을 여네요.
사랑하고 즐거운 마음으로 Kn541과 함께 합시다.
나! 미완이는 회장님의 찐팬^^

이석규

정은숙 운영님 축하 파티^^
김순영 대표님 찬조해 주셨습니다

Kim mun ae

부산은 촉촉이 비가 내리다 갠 듯합니다.
사랑의 보따리를 푸신 회장님, 조한섭 운영님 감사드립니다. 김광석 팀
대표님 축하 감사드리며 오늘 하루도 모두 모두 수고 많으셨습니다. 편안한 밤
되십시오 ^^~♡

홍영옥

1년이 넘는 동안 알게 모르게 물심양면으로 너무나 수고를 많이 한 정은숙
열정녀 운영님 축하합니다. ㅜㅜ

김진순

소비자는 언제나 준비된 완성자이다. 하나하나가 아니라 이들이 뭉치고
모이고 엮이면 어떻게 될까? 그래서 하나가 되어 하나의 집단으로 하나의
목소리와 생각으로 이루어진 단체가 된다면, 우리는 새로운 힘으로 모든 것을
새롭게 변형하고 선도해 나갈 궁극의 소비자 권력 집단을 맞이한다. 우리는
이렇게 만들어질 소비자 권력 집단을 Kn541 멤버라 명명하였다.

소비자가 사업의 기초이자 기업 존재 이유이고
유일한 이윤센터라면 富(부)창출을
소비자가 해야 하지 않을까요?

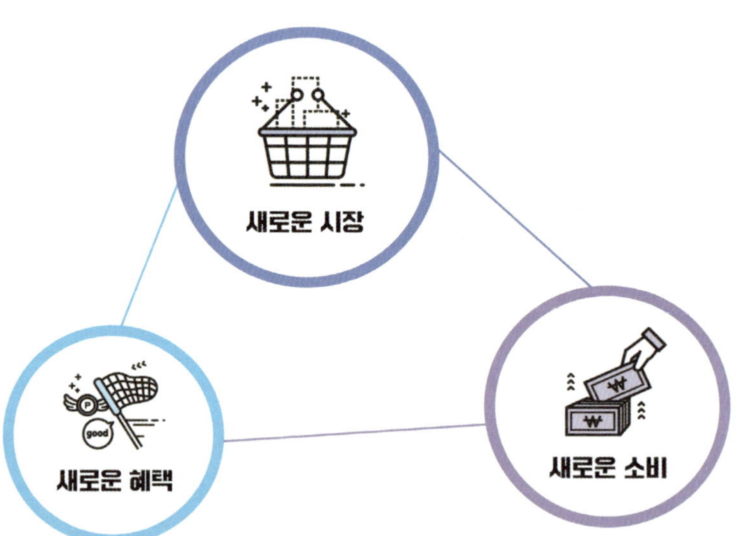

Kn541 소비자 연합
소비자 주권 운동 참여자

강경숙 강나겸 강동기 강두순 강석규 강성근 강순례 강순자 강연규 강옥규
강옥정 강외순 강점수 강정애 강정호 강중희 강춘암 강형자 계영화 계이룡
계태룡 고경남 고수영 고순권 공점순 공창원 구미열 구영숙 구옥구 구자용
구점식 구정자 국경민 국민호 권경자 권대승 권병욱 권병희 권순우 권오희
권인숙 권태모 권현진 권후남 길현순 김경석 김경섭 김경숙 김경순 김경애
김경옥 김경자 김경희 김경숙 김계숙 김광복 김광자 김교은 김규태 김규홍
김금순 김기숙 김기옥 김기원 김기자 김기홍 김기홍 김길임 김나연 김나영
김나영 김나현 김나현 김내현 김노식 김다현 김대용 김대수 김대우
김대환 김도연 김동식 김동현 김두영 김 령 김말선 김명만 김명성 김명숙
김명자 김명하 김명희 김명희 김미숙 김미숙 김미숙 김미숙 김미영 김민선
김민성 김민우 김민정 김민준 김민준 김범식 김범식 김범식 김병호 김보람
김복순 김봉란 김봉예 김봉임 김상연 김상임 김상임 김상휘 김석봉 김석자
김선애 김선옥 김선우 김선임 김선주 김선희 김성권 김성근 김성석 김성식
김성애 김성원 김성원 김성익 김성진 김성철 김성하 김성화 김성희 김세령
김세진 김세환 김소민 김소정 김 송 김송희 김수곤 김수애 김수연 김숙자
김숙희 김숙희 김순옥 김순현 김승원 김신영 김쌍숙 김아름 김양미 김양종
김여주 김연주 김연자 김연주 김연희 김영만 김영봉 김영서 김영숙 김영심
김영옥 김영임 김영준 김영희 김옥자 김옥자 김옥점 김옥진 김옥희 김외순
김 용 김용운 김용재 김용호 김원자 김윤자 김윤형 김은영 김은정 김은희
김이현 김이현 김인숙 김임숙 김장환 김재규 김재덕 김재동 김재복 김재석

김재진 김전옥 김점선 김점순 김정남 김정문 김정문 김정선 김정선 김정숙
김정숙 김정순 김정식 김정은 김정일 김정철 김정화 김정화 김정화 김정화
김정훈 김정희 김종옥 김종임 김종임 김종회 김종희 김주영 김주환 김준태
김준호 김진순 김진순 김진철 김진혜 김창분 김창식 김창욱 김창회 김창훈
김채연 김채하 김청하 김태영 김태호 김태훈 김하나 김하연 김한수 김한식
김해용 김해원 김현섭 김현숙 김현준 김형준 김홍석 김홍성 김효선 김효순
김효중 김훈원 김희선 김희성 김희순 김희자 김희정 김희태 나하정 나현성
남미란 남솔우 남옥산 남옥자 남용수 남욱현 남정은 남태순 남하윤 남후택
노경훈 노기봉 노명잔 노범래 노상호 노승명 노영숙 노영순 노영우 노영자
노지훈 노한덕 노희숙 도재철 도정자 류경화 류성규 류순선 류인환 류창완
류현석 마훈희 문경순 문기종 문덕기 문서연 문세현 문순엽 문아영 문정희
문중원 문창성 문희원 민경희 민수정 민애리 박가은 박경목 박경문 박경숙
박경옥 박광규 박광희 박덕근 박도완 박동선 박동주 박동희 박래갑 박미숙
박미연 박미자 박미혜 박민교 박복례 박봉애 박상복 박상용 박상희 박선영
박성배 박성언 박성준 박성준 박성희 박세준 박소정 박순희 박승란 박승재
박오순 박옥례 박옥자 박용화 박우엽 박원자 박유근 박은영 박재균 박점수
박정섭 박정숙 박정자 박정희 박종수 박종순 박준범 박자순 박장용 박재신
박신서 박진숙 박진우 박찬근 박태산 바태양 박태지 박태희 박한석 박해숙
박향섭 박현숙 박현희 박혜순 박화순 박희성 방대성 방매숙 방선화 방연숙
방주이 방철석 방태옥 배수민 배영자 백광순 백남화 백병식 백본기 백안숙
백영곤 백창운 변영슉 변영희 변장섭 변정원 변진봉 사성득 서광원 서동성
서라미 서명원 서문억 서민규 서 범 서순례 서순이 서순필 서옥자 서재우
서정숙 서정아 서정욱 서종태 서준호 서지회 서 호 서효녀 선춘현 설원실
성경숙 성미향 성숙경 성주희 소병량 손경희 손석환 손숙녀 손순조 손승모
손영덕 손영임 손영자 손영준 손유경 손정탁 손진옥 손태광 손태문 손현미
손현호 손혜림 솔로몬 송가영 송명숙 송명자 송미라 송성빈 송수미 송수석
송순배 송연숙 송영미 송영숙 송옥남 송윤옥 송주화 송태순 송희윤 신경숙
신경호 신경화 신귀임 신근식 신금화 신동철 신맹화 신 비 신서희 신성철
신순남 신순애 신순오 신승리 신영숙 신영순 신용인 신윤식 신정영 신지연
신진우 신천호 신칠성 신태근 신현국 신현기 신현기 신현주 심도순 심명환

심우석 안매숙 안정아 안정원 안정윤 안종안 안현민 안현서 안혜정 양다연
양대석 양두열 앙부금 양서영 양순덕 양순란 양승민 양승훈 양시온 양에녹
양연기 양인규 양재국 양재복 양 희 양희선 양희충 엄나래 엄단비 엄영호
엄예영 엄휘영 여숙현 염기호 오경은 오 덕 오미령 오시내 오연달 오정강
오창원 오현순 왕린신 우재용 원영미 위성용 유경수 유경화 유광희 유명자
유미숙 유미완 유석희 유성민 유순옥 유승옥 유승희 유시형 유양미 유영희
유영희 유옥금 유재경 유재진 유재창 유정민 유정순 유정우 유제민 유창식
유춘연 유태홍 유훈종 윤경숙 윤귀순 윤길정 윤덕현 윤렌수렌틀 윤명희
윤무돈 윤석중 윤석호 윤소영 윤수자 윤숙경 윤순희 윤승환 윤안근 윤영순
윤옥란 윤정숙 윤정숙 윤정현 윤종한 윤종황 윤지원 윤춘련 윤혜숙 윤효징
이건한 이경수 이경숙 이경아 이경애 이관영 이관우 이보화 이군자 이귀례
이귀태 이규빈 이근희 이금순 이금순 이금순 이금순 이금희 이기복 이기재
이나리 이나실 이남희 이다겸 이단비 이대겸 이대우 이동구 이동자 이동혜
이동호 이동희 이만복 이명기 이명자 이명희 이미경 이미경 이미경 이미애
이범구 이변구 이복란 이복순 이복순 이복식 이봉순 이사고자와가요미
이상봉 이상호 이서호 이성구 이성범 이성열 이성찬 이숙자 이숙자 이순녀
이순옥 이순진 이순화 이순진 이순화 이승연 이승한 이승훈 이승희 이시목
이양선 이열우 이영단 이영분 이영선 이영선 이영세 이영숙 이영숙 이영순
이영옥 이영자 이영혜 이옥자 이용걸 이용청 이우선 이유선 이윤자 이윤정
이윤희 이은경 이은주 이은진 이이우 이인수 이장수 이재균 이재순 이재순
이재원 이정금 이정순 이정순 이정애 이정애 이정연 이정희 이종연 이종연
이주연 이주일 이준수 이준일 이진석 이진숙 이창수 이천규 이철우 이춘심
이춘자 이춘홍 이충래 이태석 이태석 이필순 이학선 이학선 이해란 이해순
이해정 이현우 이현정 이형기 이혜화 이현숙 이효영 이흥배 임건실 임경희
임규진 임대현 임민순 임민초 임방택 임상하 임새얀 임선주 임성빈 임소연
임시진 임영옥 임영은 임용규 임정순 임종수 임진혁 임해자 임헌문 임현미
임현순 장금조 장명석 장선미 장성미 장성준 장세진 장원길 장원조 장은석
장은혜 장재용 장정자 장종덕 장진순 장진익 장태규 장해령 장혜리 전석우
전성식 전수열 전수자 전순여 전언식 전옥순 전옥순 전옥주 전윤화 전진규
전춘자 전혜영 전흥민 전화남 정갑상 정갑수 정경자 정경희 정계환 정금주

정금채 정길준 정란조 정미경 정미자 정미향 정민석 정서율 정성자 정성현
정수민 정수빈 정수연 정순여 정순영 정승현 정애순 정연수 정영자 정영희
정예서 정예지 정용선 정용인 정우빈 정윤도 정윤미 정은미 정이준 정인태
정재화 정정순 정정용 정정자 정정희 정주리 정준태 정준혁 정창영 정창현
정태복 정태유 정태희 정해선 정현도 정현아 정현정 정홍주 제미향 제외남
조경애 조경자 조규일 조미숙 조미정 조민기 조복희 조상범 조성도 조성묵
조성옥 조성욱 조성호 조성호 조성희 조영숙 조우석 조은희 조인근 조인서
조인제 조재관 조재수 조태옥 조현이 조희령 조희순 조희철 주진아 주행림
주형준 지창복 지철근 진필금 차동환 차동환 차인숙 차창희 채상호 채영금
채영애 채영옥 채옥진 채주석 채희세 천병운 천윤도 최경애 최낙계 최미부
최미영 최상가 최상화 최선숙 최선희 최순선 최순악 최승자 최시은 최애자
최영록 최영묵 최요한 최인화 최재희 최점례 최정선 최정숙 최종윤 최종환
최철기 최학원 최현미 최혜주 최후돈 탁경애 탁명길 토 야 편정호 하경수
하선화 하수연 하은영 하차임 하태진 한귀례 한기환 한문숙 한보람 한봉교
한세희 한승수 한우진 한재무 한종필 한종훈 한태희 한향숙 한효숙 허동선
허동순 허연순 허주연 형남선 홍계숙 홍봉석 홍사혁 홍서영 홍성열
홍성자 홍영옥 홍진량 황규민 황두임 황룡철 황석자 황성진 황 솔 황영주
황 원 황유례 황은서 황재환 황종환 황주안 황준성 황준재 황준금 황혜진

Kn541 - Leader

구본능 권도연 권영춘 김경숙 김경재 김관석 김광주 김귀자 김미숙 김민순
김민정 김범식 김세훈 김순례 김옥자 김용원 김용주 김유정 김은주 김인숙
김재복 김정선 김정아 김정철 김종운 김진수 김창례 김학모 김현아
김화숙 노성한 노영우 문성재 문정자 문정희 문정희 문형연 박동희 박순종
박영애 박용관 박인순 박정섭 박지해 박태이 방련화 방매실 방성희 백영곤
서다미 서연숙 서유심 서정숙 서종태 설이자 송현정 신미연 신윤자
신한영 안성모 안순옥 양부금 우민하 유명숙 유요한 유은혜 유춘선
윤정숙 이건원 이금순 이금옥 이도연 이동희 이명자 이광락 이보화
이복식 이수정 이승철 이승훈 이운영 이유민 이일하 이정란 이정선

이정연 이지현 이춘홍 이향원 이화자 임수정 임영수 임장혁 전민선
전옥순 정동서 정동주 정문석 정상훈 정윤길 정윤업 정이준 정정자
조성묵 최균효 최승남 최은심 하용국 한순희 허만성 홍미자 황정석

Kn541 – Team representative

강명주 김명숙 김민애 김민환 김순영 김은정 김인숙 김일용 김정자 김지현
송미희 신홍자 유미완 윤정숙 윤혜숙 이성복 이은기 이의순 이일하 이지현
임용숙 정연후 정영준 정정자 조상현 조휴재필 홍세미 홍주현 황옥순

Kn541 – Chief Operating Officer

감종현 김진순 유은희 윤정숙 이석규 정은숙 조한섭

Kn541 – Agitpunkt; Branch

1. 알레카 서울 – 아지트 장: 이석규
2. 아산 청아 – 아지트 장: 조상현
3. 부산 대박 – 아지트 장: 김종현
4. 서초 그린 – 아지트 장: 김순영
5. 인천 주안 – 아지트 장: 정정자
6. 창원 미라클 – 아지트 장: 김인숙
7. 대구 – 아지트 장: 김용주
8. 광주 이레 – 아지트 장: 김정철
9. 통영 초이스 – 아지트 장: 전옥주
10. 서울 진&정 – 아지트 장: 윤정숙

생산 자원은 창조주가 우리 인간에게 준 선물이다.

생육하고 번성하라는 말씀은 공감하고 공유하라는 뜻이다.

세상에 새로운 것은 없다. 있는 것을 발견할 뿐이다.

발견한 것을 나눌 때에 생육하고 번성할 수 있다.